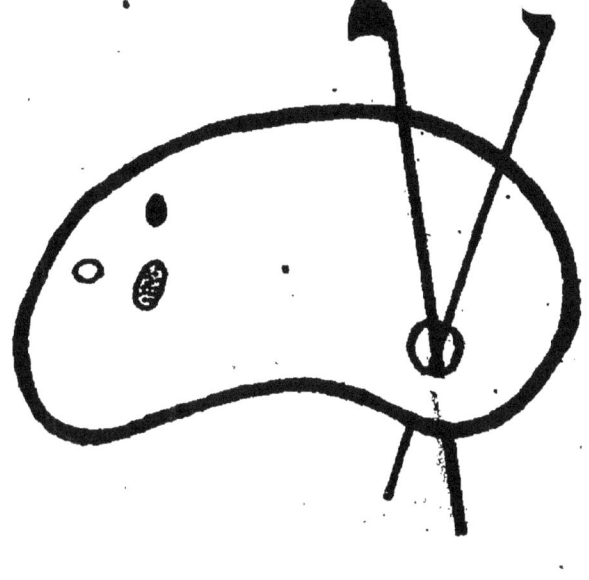

DEBUT D'UNE SERIE DE DOCUMENTS EN COULEUR

PHILOSOPHES et PENSEURS

Henri LENGRAND

Professeur de Philosophie

ÉPICURE

et l'Épicurisme

BLOUD & Cie

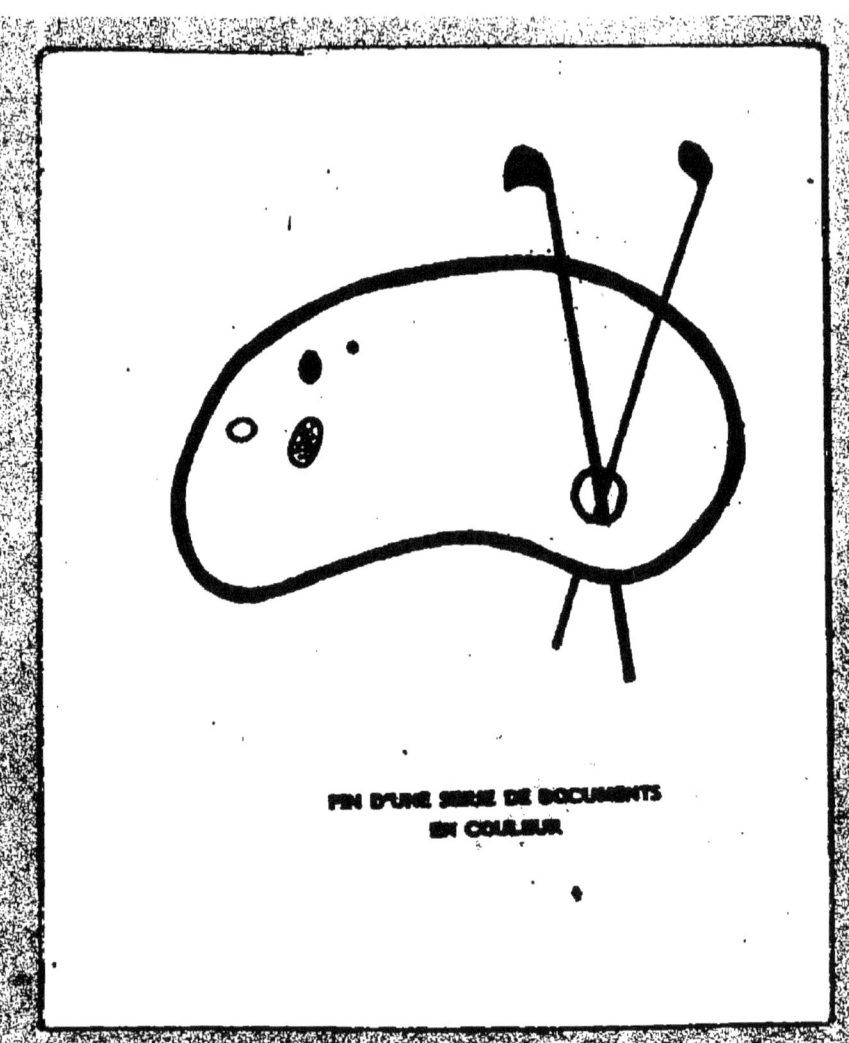

SCIENCE ET RÉLIGION
Études pour le temps présent

PHILOSOPHES ET PENSEURS

ÉPICURE
ET
L'ÉPICURISME

PAR

Henri LENGRAND

Professeur de Philosophie.

PARIS
LIBRAIRIE BLOUD & Cⁱᵉ
4, RUE MADAME, 4
—
Reproduction et Traduction interdites.

DANS LA MÊME COLLECTION

150 — Brugerette (J.), professeur licencié d'Histoire et de Philosophie. **Les Morales indépendantes et la Morale évangélique.** *Essai de synthèse chrétienne.* 1 vol.

71. — Canet (abbé). **Pratique de la liberté de conscience dans nos sociétés contemporaines..** 1 vol.

97. — Contestin (G.). **Le Matérialisme et la Nature de l'Homme**.................................. 1 vol.

265. — Giraud (V.), professeur à l'Université de Fribourg (Suisse). **La Philosophie religieuse de Pascal et la Pensée contemporaine**..................... 1 vol.

184. — Mano (C.), docteur en théologie. **Le Pessimisme contemporain. Ses précurseurs, ses représentants, ses sources**.................................. 1 vol.

176-177. — Salomon (Michel). **Le Spiritualisme et le Progrès scientifique.** *Etude sur le mouvement philosophique au XIX° siècle.* 2 vol. Prix......... **1 fr. 20**

BIBLIOGRAPHIE

Le présent opuscule n'a pas la prétention de tout dire sur l'épicurisme ; la collection *Science et Religion*, par son caractère même, lui imposait une certaine brièveté et une certaine concision qui appartiennent à toute œuvre de vulgarisation. On a voulu simplement y marquer de son trait distinctif un des moments de la pensée philosophique. Puisse-t-on y avoir réussi !

Voici pour ceux qui voudraient aller plus au fond, quelques indications bibliographiques.

1° LES SOURCES PRINCIPALES. — Outre USENER. *Epicurea* (1888).

DIOGÈNE LAERCE. — *Vie des philosophes illustres*, x.

PLUTARQUE. — *Placita philosophorum. Adversus Coloten. Non possumus suaviter vivere secundum Epicurum.*

LUCRÈCE. — *De natura rerum.*

CICÉRON. — *Œuvres philosophiques.* Particulièrement *De natura deorum, de finibus, de fato.*

Ne pas oublier les précieuses études de GASSENDI.

2° LES ÉTUDES MODERNES. — Outre RITTER (III, 369 à 415, et ZELLER (v. 363-477).

J.-M. GUYAU. — *La morale d'Epicure.* (Alcan.)
C. MARTHA. — *Le poème de Lucrèce.* (Hachette.)
L. MABILLEAU. — *Histoire de l'Atomisme.* (Alcan.)
LANGE. — *Histoire du Matérialisme*, I. (Reinwald.)
FONSEGRIVE. — *Essai sur le libre arbitre*, 1ʳᵉ partie. (Alcan.)
BOISSIER. — *Etudes sur la religion romaine.* (Hachette).
BOUCHÉ-LECLERCQ. — *Histoire de la divination dans l'antiquité.* (Leroux).
CHAIGNET. — *Histoire de la psychologie des Grecs.* (Hachette.)
DECHARME. — *La critique des traditions religieuses chez les Grecs.* (Picard.)
DENIS. — *Histoire des idées morales dans l'antiquité.* (Alcan.)
PICAVET. — *De Epicuro novæ religionis auctore sive de diis quid senserit Epicurus.* (Alcan.)
A. DE RIDDER. — *De l'idée de la mort en Grèce.* (Fontemoing.)
F. THOMAS. — *De Epicuri canonica.* (Alcan.)

ÉPICURE ET L'ÉPICURISME

CHAPITRE PREMIER

Epicure et l'école épicurienne.

Parmi les systèmes de philosophie que l'antiquité a produits, l'Epicurisme fut l'un des plus importants, non pas sans doute par sa valeur théorique, mais par son influence pratique. Prodigieuse fut la fortune dont il a joui dans la société grecque comme dans le monde romain.

I. — Epicure (342-270).

Sa vie. — La vie d'Epicure, jusqu'au moment où il se fixe à Athènes, n'offre guère qu'une suite insignifiante de changements de résidence. Suivant l'opinion la plus probable (1), il était né à Gargettos, l'un des bourgs d'Athènes, à la fin de 342 ou au commencement de 341 (2). Son père, Néoclès, enseignait la grammaire, et sa mère, Chérestrate, exerçait la profession de magicienne. Il passa son enfance à Samos, revint à Athènes vers l'âge de dix ans, pour retourner bientôt près de son père à Colophon.

On raconte (3) que la vocation philosophique lui vint à l'âge de 14 ans. Un jour qu'il lisait en classe la cosmogonie d'Hésiode, voyant que, d'après le poète, tout provenait du chaos, il demanda d'où sortait le chaos lui-même. Les réponses de son maître ne donnèrent pas satisfaction à l'esprit curieux d'Epicure ; aussi de ce jour, il se mit à philosopher seul et sans guide ; plus tard, il se vantera d'être autodidacte (4), formule erronée d'ailleurs puisque nous le voyons, à Samos, entendre les leçons du platonicien Pamphile, à Colophon, celles des atomistes Nausiphane et Nausycide.

C'est en 308, à l'âge de 36 ans, qu'Epicure vint définitivement s'établir à Athènes. Pour 80 mines, il acheta un jardin à l'intérieur de la ville, ce fut le berceau de l'épicurisme. A cette heure, la situation politique de la Grèce n'était guère brillante : Thèbes venait d'être détruite, et Démosthène vivait

---

(1) Diogène Laerce, x. — Cicéron. *De natura deorum*, I, 26. — Strabon, XIII. — Suidas. Vᵉ Epicurus. Lucrèce, VI. — (2) Diog. L. X. 3ᵉ année, 109ᵉ Olympiade. — (3) Diog. L. X, 2, 3. — (4) Sextus Empiricus *Adv. Math.*, I, 3, 4. Cf. Lucrèce, III, 9, v. 5.

en exil ; du fond de l'extrême Asie arrivaient chaque jour les nouvelles des victoires du macédonien Alexandre. Et cependant malgré l'agitation de l'époque, malgré les troubles qui agitaient la Grèce, Epicure passa le reste de ses jours à Athènes ; c'est là qu'il mourut en 270 avant J.-C.

Son genre de vie. — Extrêmement simple d'ailleurs fut le genre d'existence qu'il mena dans son jardin. Il y réunit de nombreux amis et élèves ; il adopte avec eux un régime sobre et frugal. A en croire Dioclès, dans Diogène Laerce, « un demi-setier de vin leur suffisait et leur breuvage ordinaire ne comprenait que de l'eau ; ils sont contents de pain bis, et leur luxe c'est un morceau de fromage cythridien (1) ! »

Mais sa grande occupation, son grand passe-temps est d'instruire et d'écrire. Epicure est l'un de ceux qui ont le plus écrit dans l'antiquité. Origène trouve Celse singulièrement téméraire d'oser affirmer qu'il connaît toutes les productions du fondateur de l'épicurisme (2). Parmi les philosophes anciens, certains n'ont rien écrit, comme Socrate ; d'autres n'ont fait que quelques écrits particuliers comme Parménide et Anaxagore ; Zénon au contraire, Xénophane, Démocrite, Aristote, Epicure ont beaucoup publié, et Chrysippe encore davantage (3). Mais la palme revient à Epicure si l'on considère que le stoïcien Chrysippe a rempli ses ouvrages de citations (4), tandis que notre philosophe se piquait de n'y développer que ses propres pensées (5). Sans doute il n'a ni la profondeur de ce Chrysippe, ni les vues larges de Démocrite, ni la pensée subtile de Carnéade, mais c'est un sage aux désirs modérés qui malgré ses vues courtes, ses pensées sèches, sa logique étroite, parle avec assurance et ne craint rien tant que de paraître douter de quelque chose, c'est d'ailleurs la coutume de l'école entière (6).

Faut-il croire qu'entre temps, souvent même les jardins devenaient des lieux de débauches ? On ne peut nier qu'à cet égard Epicure et les épicuriens n'aient eu assez mauvais renom auprès de leurs contemporains eux-mêmes, assez peu sévères cependant sur l'article des mœurs. Il est prudent sans doute de regarder comme calomnieuses beaucoup des affirmations que l'on a énoncées sur l'effrénée volupté du troupeau d'Epicure ; mais d'après les maximes mêmes de l'école, d'après le nombre des courtisanes qui fréquentaient les lieux de réunion et prétendaient s'initier à la nouvelle philosophie, on

---

(1) Diog. L. X, 7. — (2) Origène, *Ad Cels.*, I. — (3) Diog. L. I, 3. — (4) Diog. L. II et X. — (5) *Ibid.*, X, 8. — (6) Cic. *De nat. deor.*, I, 8.

peut conjecturer que la morale la plus sévère n'a point régné dans les jardins d'Epicure.

L'homme. — On trouve là sans doute la principale cause des jugements divers portés sur sa personne ; car il n'y a pas de philosophe de l'antiquité qui ait eu davantage à souffrir de la calomnie. Les écoles rivales, les stoïciens surtout, se sont attachés à ternir sa mémoire et à discréditer sa doctrine ; on lui prêta des opinions honteuses ; on fit circuler sous son nom des pages étranges, on défigura sa vie ; le nom d'Epicure devint non seulement celui d'un impie, mais aussi celui d'un débauché.

On ne peut sans doute l'absoudre d'un peu de vanité. Quoi qu'en dise Diogène Laerce, la modestie n'était pas son fait. Il se vantait de l'immortalité de son nom (1) ; il légua son jardin à son école sur la condition expresse qu'on y continuerait d'enseigner sa philosophie et que chaque mois on célèbrerait une fête en son honneur (2) ; de ses ouvrages il faisait de courts extraits, de petits résumés, et il recommandait incessamment à ses disciples d'apprendre par cœur « ces sentences du maître, ces oracles de la sagesse » comme les appelle Cicéron (3). Ne sont-ce pas là autant de traits qui dénotent chez leur auteur un grand fond d'orgueil ? Faut-il croire à un autre sentiment quand nous voyons cet homme, à la culture plutôt légère, jeter dans le public plus de 300 ouvrages ? N'est-ce pas la même chose quand nous le voyons accabler ses adversaires, ses maîtres parfois, d'épithètes malsonnantes (4) ?

Mais à côté de ces points controversés, il n'y a qu'une voix pour louer sa bienveillance, sa fidélité à ses amis, cette sobriété qui de bonne grâce savait se mettre au pain et à l'eau. « Sa vertu fut marquée en d'illustres caractères, par la reconnaissance et la piété qu'il eut envers ses parents et par la douceur avec laquelle il traita ses esclaves ; témoin son testament par lequel il donna la liberté à ceux qui avaient cultivé la philosophie avec lui et particulièrement à son fameux esclave Mus (5). » La bonté de son naturel se manifestait par des marques de sympathie à l'égard de tout le monde ; il n'est pas jusqu'à sa piété envers les dieux et son amour pour sa patrie qui ne fussent remarquables. Les cœurs étaient charmés et captivés par son aménité, et de tous les chefs d'école de l'antiquité il paraît avoir été le plus aimé. Il

---

(1) Sénèque, *Epist.* 21. — (2) Diog. L. X, 7, 8. — (3) *De Finib.*, II, 31, 6. Cf. Diog. Laerce, X, 12, 25, 83, 85. — (4) Diog. L. X, 9. — (5) Diog. L. *ib.*

semble donc qu'en fin de compte, on peut souscrire en partie,
au jugement de Sénèque : « Pour moi, je pense et j'ose le dire
contre l'opinion des nôtres, que la morale d'Epicure est saine,
droite (?) et même austère pour qui l'approfondit ; je ne dis
donc pas, comme la plupart de nos stoïciens que la secte
d'Epicure est l'école de la débauche, je dis *qu'elle est décriée
sans l'avoir mérité* (1). »

Aux œuvres d'ailleurs on juge l'ouvrier, et sur ce point,
il n'y a pas de doute possible, l'influence d'Epicure fut
immense.

II. — L'École épicurienne.

« Ce grand homme, en effet, a de fameux témoins de son
équité (2). » C'est le succès de sa doctrine, ce sont les nombreux disciples qui s'attachèrent à lui et les sentiments qu'ils
lui témoignèrent.

Le succès de la doctrine. — Le nombre des épicuriens fut
tel, au témoignage de Diogène Laerce, que les villes ne pouvaient plus les contenir : « Le charme de cette doctrine égalait la douceur des sirènes (3). » Et ce témoignage d'un admirateur est confirmé par un adversaire acharné d'Épicure. Cicéron qui n'est pas suspect sur ce chapitre, ne contredit pas un de
ses interlocuteurs qui s'écrie avec enthousiasme : « Quelle
nombreuse élite d'amis il rassemblait dans sa maison ; quels
intimes rapports d'affection mutuelle dans ce commun attachement au maître ! Et cet exemple est encore suivi par tous
les épicuriens (4). » Et l'orateur romain y revient à plusieurs
reprises ; à voir son insistance sur ce point, il semble que
cette invasion épicurienne le préoccupe davantage que l'invasion barbare qui commence à frapper aux portes de la république (5). Sans doute Rome n'a point de philosophie originale,
elle a cependant des philosophes, mais tous sont les fils de la
Grèce. Les uns, comme Cicéron, reflètent indifféremment les
idées du Lycée, de l'Académie ou du Portique : tel un fleuve
reflète tour à tour dans ses eaux les objets qui se dressent sur
ses rives. D'autres comme Sénèque, Epictète et Marc-Aurèle,
adoptent en les marquant de leur empreinte personnelle les idées
de Zénon. L'épicurisme eut aussi sa place, et elle fut considérable dans les mœurs. Les publications d'Amafinius, qui fut avec
Lucrèce et Velleius Torquatus au rang des premiers épicuriens

---

(1) Sénèque, *De vita beata*, 13. — (2) Diog. L. X, 10.— (3) Diog. L. *ib.* 12.
(4) Cic. *De Finib.*, I, 20. — (5) Cf. *Epître familière*, 13, 33. Sénèque, épît. 21.

de Rome, touchèrent la multitude et l'entraînèrent généralement dans la doctrine d'Epicure, soit qu'elle fût facile à saisir, soit qu'elle séduisît par les attraits de la volupté, soit que les esprits la reçussent, faute de mieux. Après Amafinius, beaucoup d'émules ayant marché sur ses traces, ils gagnèrent toute l'Italie (1). Dans les livres, la place occupée par l'épicurisme fut moins grande, mais il eut la gloire d'inspirer l'un des plus grands poètes de Rome, le premier et presque le seul qui ait mis avec succès la philosophie en vers, Lucrèce. Epicure n'eut pas de disciple plus illustre, plus soumis, plus enthousiaste ; et le livre de Lucrèce est le plus clair et le plus complet essai de systématisation dont la doctrine du maître ait été l'objet.

Causes de ce succès. — De ce développement extraordinaire, Cicéron nous a indiqué déjà les raisons, les principales du moins.

Il y a d'abord l'attrait du plaisir. Certes la doctrine épicurienne se présentait d'une façon séduisante ; elle se décorait d'un titre attirant, elle faisait un plaisir du souverain bien, la vertu était une jouissance. Pouvait-on concevoir une théorie philosophique plus facile, une règle de morale plus commode ?

Ce système se trouvait d'ailleurs en parfaite harmonie avec l'époque. Nous aurons l'occasion de le voir plus loin, la société était amollie, les caractères lâches. Les vertus héroïques des premiers temps avaient disparu, le monde grec allait à la servitude. Pouvait-elle ne pas être adoptée avec empressement, la philosophie qui se présentait sous de telles couleurs et ne demandait aucun effort ?

Un autre attrait qui devait faciliter le développement de l'épicurisme, c'est qu'on y entrait de plain-pied, sans pénible initiation. La doctrine n'avait ni secrets ni mystères ; les dogmes étaient fort simples, peu nombreux. Pas de subtilités dialectiques pour les présenter ou les défendre, le maître lui-même était fort peu lettré ; les portes étaient grandes ouvertes, et elles virent affluer les disciples puisque les moins savants eux-mêmes pouvaient les franchir.

Toutes ces causes seraient peut-être restées stériles, n'était le prestige exercé par Epicure lui-même ; c'est à lui et à son influence personnelle qu'est due la grande diffusion de l'épicurisme. « Ce n'est que par l'opinion qu'il a laissée de sa probité et de ses mœurs que ses écrits ont autant de cours. » Les

(1) Cic. Cf. *Tuscul.* VI, 3. — (2) Cic. *De Finib.*, II, 31.

sentiments qui animaient l'école épicurienne à l'égard du fondateur en sont une preuve éclatante.

Caractères de l'école épicurienne. — C'est en effet par la pieuse fidélité gardée par les disciples pour le maître et sa doctrine que se distingue l'école épicurienne.

C'est une chose merveilleuse, dit Plutarque, comme ses frères étaient affectionnés envers lui (1) ! Les épicuriens aiment leur maître, ils le respectent ; bien plus, ils l'adorent à l'égal d'un dieu.

Il était à peine mort que déjà on l'honorait de statues. « Sa patrie célébra l'excellence de son bon naturel par les statues qu'elle dressa pour éterniser sa mémoire (2) » ; suivant la recommandation du maître, les disciples célébraient chaque année l'anniversaire de sa naissance ; tous les mois, par une réunion plus solennelle, ils rappelaient son souvenir (3). Ils exposent dans leur chambre à coucher le portrait d'Epicure, ils en portent sur eux des réductions. *Vultus Epicuri per cubicula gestant ac circumferunt secum* (4). Le moyen d'oublier le fondateur de l'Epicurisme, s'écrie Pomponius dans Cicéron, lorsque sa figure est chez nos amis, non seulement en peinture, mais jusque sur leurs vases et leurs bagues : *non modo tabulis sed etiam in poculis et in annulis habent* (5).

Pour ses disciples, Epicure est le libérateur. A ces âmes courbées depuis longtemps sous le joug de tristes superstitions il apporte un immense soulagement, et parmi ses admirateurs, c'est comme un long cri de délivrance. C'est l'homme et le philosophe qui a débarrassé l'humanité de la nuit noire de la superstition ; c'est le défenseur des droits de la liberté et de l'indépendance personnelle contre toute tradition religieuse. Aussi Lucien parle-t-il d'Epicure comme d'un « homme saint, divin, qui seul a connu la vérité et qui en la transmettant à ses disciples est devenu leur libérateur (6). »

Non content de révérer la personne d'Epicure, ses disciples ont un égal respect pour sa doctrine. Leur secte sait peu ce qu'on dit ailleurs. Les épicuriens ne lisent que ses écrits, ils les aiment exclusivement, et sans connaissance de cause, ils condamnent les autres (7). On ne trouve entre leurs mains que les ouvrages d'Epicure et de son *alter ego* Métrodore (8). Tout ce qui a plu au maître, plaît aux disciples qui se feraient un crime de changer la moindre chose (9). *Apud*

---

(1) *De l'amitié fraternelle*, 33. — (2) Diog. L. X, 9. — (3) Plin. *Hist. n.*, xxxv, 2. — (4) *Ib.* — (5) Cic. *De Finib.*, V, 1. Cf. II, 31. — (6) Alex., 61. — (7) Cic. *De natura deorum*, II, 29. — (8) Cic. Cf. *Tuscul.*, II, 2. — (9) Cic. *Orat.*, 4.

istos, quidquid dicit Hermachus, quidquid Metrodorus ad unum refertur; omnia quæ quisquam in illo contubernio locutus est unius ductu, et auspiciis dicta sunt (1). »

Il y a au Louvre un marbre qui représente sur une de ses faces Epicure, et sur l'autre son inséparable ami Métrodore. On aurait pu représenter de cette façon tous les épicuriens, tant ils ont de ressemblances avec le maître, tellement ils ont peu varié, surtout dans leur doctrine. Ils se sont donné comme règle de ne se séparer en rien d'Epicure et d'avoir toujours les mêmes principes que lui. Aussi pendant longtemps n'y eut-il, entre les disciples et le maître, aucune divergence digne d'être notée. On eût considéré comme un impie, comme un grand coupable celui qui eût osé introduire quelque innovation. On dirait une petite république où l'accord est complet entre tous les membres « *Hæc Epicuri institutio reipublicæ cuipiam veræ persimilis est quam nempe a seditione remotissimam, una mens communis, unaque moderatur sententia.* » Et Eusèbe que nous citons voit dans ce fait la raison du succès de l'épicurisme : « *Ex quo nec defuerunt, nec desunt, neque, ut apparet, defuturi sunt qui perlubenter illam sequantur* (2). »

Cette communauté d'idées, de sentiments et d'admiration, nous explique la sympathie, l'amitié qui unissait tous les membres de la famille épicurienne. C'est là un côté par lequel l'épicurisme ressemble au pythagorisme : les disciples restent profondément unis. Epicure avait montré l'exemple, nous le savons ; pendant le siège d'Athènes par Démétrius, il avait nourri tous ses disciples (3). Sa dernière pensée est de recommander les enfants de son ami, Métrodore ; c'est à eux, en grande partie qu'est consacré son testament (4). On cite en Grèce et à Rome de beaux exemples d'amitié épicurienne, et Cicéron pouvait dire : « *Multi epicurei fuerunt et hodie sunt in amicitiis fideles* (5). » L'amitié était bien le fondement de la société épicurienne.

Parmi les disciples d'Epicure, il en est un surtout qui ne met pas de bornes à son enthousiasme : c'est Lucrèce. Il salue en son maître le sage par excellence, le libérateur des âmes, le sauveur de l'humanité, l'inventeur d'une science nouvelle, l'homme courageux qui osa toucher à l'antique superstition. A travers son œuvre, comme des refrains, retentissent de véritables hymnes en l'honneur de celui qu'il compare à un dieu :

---

(1) Cic. *Epic. fam.*, 33. — (2) Eusèbe, *Préparat. évang.*, XIV. 5. — (3) Plutarque, *Démétrius*, 34. — (4) Diog. L. X, 22. — (5) *De Finib.*, II, 25.

deus ille fuit, deus. Qu'il nous suffise de rappeler le passage où se trouvent ces mots. « Quel génie peut chanter dignement un si noble sujet, de si grandes découvertes ? Quelle voix assez éloquente pour célébrer les louanges de ce sage dont l'esprit créateur nous a transmis de si riches présents ? Cette tâche est au-dessus des efforts d'un mortel. Car s'il faut en parler d'une façon qui réponde à la grandeur de ses ouvrages, ce fut sans doute un dieu : oui, un dieu seul a pu trouver le premier cet admirable plan de conduite auquel on donne aujourd'hui le nom de sagesse, et par cet art vraiment divin, faire succéder, dans la vie humaine, le calme et la lumière à l'orage et aux ténèbres (1). »

CHAPITRE II

Caractère général de l'épicurisme.

Tendance pratique du système. — « Que le jeune homme n'hésite pas à philosopher, que le vieillard ne se lasse pas de philosopher ! L'heure est toujours venue et n'est jamais passée où l'on peut acquérir la santé de l'âme. Dire qu'il est trop tôt pour philosopher ou trop tard, ce serait dire qu'il n'est pas encore ou qu'il n'est plus temps d'être heureux. Qu'ils philosophent donc tous deux, le vieillard et le jeune homme ; celui-là, afin que vieillissant il rajeunisse dans les vrais biens en rendant grâce au passé, celui-ci afin qu'il reste jeune même pendant la vieillesse par la confiance dans l'avenir. Méditons sur les moyens de produire le bonheur, car si nous l'avons, nous avons tout ; s'il nous manque, nous faisons tout pour le posséder (2). »

L'éloge est enthousiaste ; l'on pourrait croire, à lire ces conseils, qu'Epicure adressait à Ménécée, que la philosophie à ses yeux est une science absolument théorique, la plus haute spéculation de l'intelligence. Il n'en est rien cependant. Au contraire l'épicurisme se distingue avant tout par son caractère exclusivement pratique.

Aristote avait dit : « La sagesse est indépendante de l'utilité ; elle est même d'autant plus haute qu'elle est moins utile, et par cela même, elle est la plus excellente de toutes les sciences (3). » Épicure prend juste le contre-pied. Il s'occupe

---

(1) Lucrèce, V, 1, sqq. — (2) Diog. L. X, 122. — (3) Métaph. I, 2.

avant tout du côté positif et utilitaire de sa doctrine. Sa philosophie, ce n'est pas une science pure et théorique, c'est une règle pratique d'action ; c'est « une énergie qui procure par des discours et des raisonnements la vie bienheureuse (1). » C'est l'art de la conduite, l'art de la direction spirituelle et matérielle ; elle n'a de prix que par la sagesse pratique qu'elle entreprend de nous procurer. « De même que nous n'approuvons pas la science des médecins pour elle-même, mais pour la santé qu'ils nous rendent, de même que nous ne louons pas l'art de tenir le gouvernail pour lui-même, mais pour son utilité ; ainsi la sagesse, cet art de la vie, si elle ne servait à rien ne serait point désirée ; si on la désire, c'est qu'elle est, pour ainsi dire, l'artisan du plaisir que nous recherchons et voulons procurer (2). »

Le reste, tout ce qui ne touche pas à la morale et à la conduite de la vie, est secondaire ; l'éthique est le centre et comme le nœud vital du système. Par là, s'expliquent et l'ensemble de la théorie et certains traits caractéristiques de l'école épicurienne.

Ce caractère se rencontre dès les premiers pas, quand Epicure détermine le souverain bien. C'est un bien vraiment réel qu'il donne comme but. Il le veut à la portée de tous. A cette fin, il rejette les doctrines de ses devanciers, et il substitue à une fin lointaine et cachée sous les abstractions de la pensée métaphysique une fin toute proche, sûre et universellement poursuivie. Pour suivre sa destinée, l'homme doit simplement se laisser emporter par l'élan de sa nature qui le porte vers le plaisir.

Puisque tout converge vers la morale, il est inutile de s'adonner sans trêve ni merci à de hautes spéculations. Epicure rejettera donc toute poursuite sur l'abstrait, toute subtilité vaine ; point de détours dans la marche vers le bien ; il lui faut une voie unie, facile, droite (3). Donc pas de recherche ni de fleurs dans le langage ; de la clarté, de la précision.

De fait, si le système épicurien renferme encore une physique et une logique, ce n'est que par nécessité. Ces deux parties ne sont que les humbles servantes de la morale. « Si les pensées relatives aux choses du ciel étaient incapables de nous troubler aussi bien que les préoccupations relatives à la mort, si nous n'avions pas peur qu'elles n'eussent quelque relation avec notre personne, s'il en était de même quand il

(1) Sextus Emp. *Adv. Math.* xi, 169. — (2) Cic. *De Finib.* I, 13. Cf. Diog. L. X, 138. Plut. *Adv. Colot.*, 17. — (3) *De Finibus*, i, 18.

s'agit de déterminer les limites de la douleur et du plaisir, nous n'aurions alors aucun besoin de nous occuper des sciences de la nature (1). » La déclaration est nette ; s'il ne fallait pas chasser les dieux du monde pour rendre la paix à l'homme, il ne serait d'aucune utilité de s'occuper de physique.

Aristote avait réduit la morale à n'être qu'une petite partie de la philosophie ; le stoïcisme, tout en étant plus pratique, consacre de longs développements aux lois de la nature, et recherche leur valeur ; Epicure va jusqu'au bout, il dédaigne absolument les recherches théoriques et en fait tout juste suivant ses besoins. A la place du déterminisme universel et de l'inexorable nécessité que les premiers atomistes trouvaient dans le monde, Epicure mettra l'universel indéterminisme. Et qu'on ne vienne pas lui dire qu'il rend ainsi la science impossible, il répondra qu'il veut rendre l'homme heureux et non pas savant ; la science n'est qu'un moyen dont la morale est la fin ; dès lors que la morale se tient, qu'importe le reste. D'ailleurs si la morale est vraie, la physique qui s'accorde avec elle doit l'être aussi ; ainsi le veut la logique du système (2).

Dans la morale elle-même tout converge vers le plaisir. « Sans la jouissance, les vertus ne seraient plus ni louables ni désirables (3). » L'honnête dépouillé de l'agréable n'est rien. « Il faut priser l'honnête, les vertus et les autres choses telles, si elles procurent du plaisir ; si elles n'en procuraient pas, il faudrait leur dire : adieu (4). »

Si les vertus ont encore un rôle à jouer, il est d'autres choses qui sont absolument stériles, telle l'érudition. A quoi bon savoir tout ce qu'ont dit les auteurs ? Sachons parfaitement ce qu'il faut savoir pour diriger sa vie ; étudions par cœur les maximes qui sont les principes directeurs de l'action ; Epicure le recommandait souvent à ses disciples pour lesquels il avait résumé sa philosophie en un petit nombre de sentences. Cela suffisait à ses yeux comme formation scientifique ; inutile de passer son temps à des sciences qui sont absolument vaines. Les arts eux-mêmes sont sur le pied de la science. L'œuvre artistique n'a de valeur que celle qu'elle recueille de son rapport avec l'utilité, les arts doivent être embrassés pour le plaisir qu'ils procurent : voilà toute leur fin (5).

Même dans la composition de ses nombreux ouvrages,

(1) Diog. L. X. Lettre à Hérodote. — (2) Diog. L. X., maxime 17. — (3) De Finib., 1, 13. — (4) Athen., XII, 67. — (5) Diog. L. X, 138.

Epicure dédaigne les artifices de l'art, loin de rechercher, avec soin, l'élégance dans le choix des mots et de l'expression, il en est au contraire l'ennemi, « *vocum verborumque elegantias insectatur* (1) ». Sextus Empiricus (2) nous en donne expressément la raison : ces procédés ne servaient à rien pour atteindre la sagesse. Il est mal disposé pour Platon, Aristote et d'une façon générale pour tous ceux qui étaient habiles à composer, il est très animé contre Nausiphane qui s'adonnait à ces soins et pour cela s'entourait de jeunes gens. Quintilien (3), après Cicéron (4), lui fait un reproche de ce dédain, il n'est pas jusqu'à saint Jérôme qui ne le rappelle.

On le voit donc, c'est dans la morale qu'il faut aller chercher la clef de la doctrine. Tout est pratique dans cette philosophie. C'est en vue de la pratique, il le dit lui-même (5), que tout le système a été construit. La physique a été conçue pour fortifier la morale, et la canonique pour justifier la physique.

Par ce caractère pratique et utilitaire, l'épicurisme était parfaitement en harmonie avec le milieu social et le milieu intellectuel dans lesquels il s'est développé ; on va le voir rapidement.

Le milieu social. — L'évolution historique qui fraya la voie au nouveau courant d'idées, fut la ruine de l'indépendance grecque et l'écroulement de l'état social des Hellènes.

« Quand Epicure ouvrit son école, la Grèce était endormie sous le protectorat des rois de Macédoine, de ces soldats couronnés qui avaient apporté de l'Asie conquise le despotisme oriental des Satrapes. La chute des institutions libres avait entraîné celle de la poésie, de l'éloquence, de la philosophie. Le peuple grec, autrefois amoureux de la gloire, des entreprises téméraires, du beau langage, des belles spéculations de l'esprit, avait perdu, avec le sentiment de sa force, celui de sa dignité. Il avait accepté son malheur avec la légèreté et l'insouciance qui lui étaient naturelles. Les citoyens, rejetés dans la vie privée, dépensent leur activité dans les plaisirs. La gloire militaire ne les tentait plus depuis qu'il n'y avait plus de patrie ; l'éloquence n'était plus un art utile et puissant qui menait aux honneurs et au pouvoir, mais un spectacle frivole offert par la vanité de l'orateur à la curiosité des oisifs. Si les lettres étaient cultivées, ce n'était plus pour être l'ornement des fêtes patriotiques et religieuses, pour enflammer l'âme de tout un peuple, mais pour servir de

---

(1) Aulu-Gelle. *Nuits attiques*, II, 40. — (2) *Adv. Math.*, I. — (3) *Inst. orat.*, II, 18. — (4) Cic. *De natur. deor.*, III. — (5) Diog. L. X, 85.

récréation à une société futile et raffinée, avide encore de jouissances délicates (1). »

Le rôle politique d'Athènes est bien fini ; les Athéniens vont se résigner à leur servitude. S'ils se vengent quelque jour du Macédonien, ce sera en appelant contre lui le Romain, ce barbare d'Occident qui sera pour les Hellènes un maître plus grossier mais moins dur. Il est vrai qu'alors, par la voix de Plutarque, ils se feront les panégyristes d'Alexandre; ils lui prêteront la noble ambition « d'étendre sur les Barbares l'influence du commerce avec les Grecs », « de civiliser dans ses courses l'univers entier », « de semer la Grèce en tous lieux, répandant sur les nations des germes de justice et de paix », de refondre « comme un métal frappé d'une empreinte barbare les peuples qu'il veut couler dans le moule de la civilisation grecque (2) ». Cela n'empêche que, pour le moment, la conquête macédonienne traîne la ruine après elle, arrête la vie publique et précipite la décadence.

L'individualisme est la grande maladie du temps. « Les seuls instincts qui pouvaient encore agir sur le peuple grec, refouler l'égoïsme et éveiller le dévouement à des idées plus hautes, naissaient du sentiment de la communauté, de l'attachement à la cité et à la patrie, de la fidélité à la loi et à la tradition, de la piété envers les ancêtres, de l'amour de la liberté... Aussi, lorsque ce peuple se vit interdire ce terrain, lorsqu'il n'eut plus de patrie et que sa vie municipale elle-même fut en souffrance, il dut perdre toutes les vertus qu'il avait héritées du passé. C'est pour cela que la domination macédonienne a exercé sur les Grecs une influence démoralisante. Le bien-être matériel, le confort de la vie de petite ville, voilà ce que la foule chercha à se procurer. Tous les nobles instincts allèrent s'affaiblissant de jour en jour (3). » Les barbares n'apportaient ni une idée nouvelle, ni une conception plus haute de la morale, ni une excitation à employer mieux le peu d'énergie qui restait. Aussi les caractères vont-ils s'affaiblissant ; la langueur est générale, l'abaissement dans tous les cœurs et la mollesse dans toutes les âmes.

Faut-il s'étonner que dans pareil milieu on ne trouve plus de place pour les hautes spéculations et les recherches difficiles ? La foi patriotique s'en va ; les armées sont remplies de mercenaires ; les généraux vendent leurs services, même aux Perses et aux Egyptiens, et les soldats rapportent

---

(1) Martha. *Le poème de Lucrèce*, 1, 2. Hachette. 4ᵉ édition. — (2) Plutarque. *Démétrius*, passim. — (3) E. Curtius. *Histoire grecque*, v, page 449.

de leurs lointaines campagnes les vices de tout genre qu'ils y ont contractés. La décadence se manifeste partout.

Il y a quelque chose de plus triste que le despotisme, c'est son lendemain. Il a déformé ceux qui l'ont subi et n'a point créé d'hommes nouveaux. Il a fait naître et il a entretenu une foule de convoitises, favorisé l'abaissement des caractères, substitué l'orgueil et la fanfaronnade à la fierté, le faste et le luxe tapageur à la dignité de l'homme libre, l'amour du bien-être à la modération d'une vie indépendante. La société est la proie d'une génération vicieuse, molle et emportée qui continue à sa façon les traditions du despotisme.

C'est à une époque de ce genre que paraît la philosophie épicurienne, elle s'est adaptée au temps dont elle était le produit. Pour ces âmes amollies et découragées, pour les tempéraments affadis, la morale du plaisir seule pouvait convenir.

Le milieu intellectuel. — Il n'est que le reflet du milieu social. Les intelligences sont affaiblies comme les caractères. Les temps des grandes spéculations sont passés quand Epicure revient à Athènes, pour y ouvrir son jardin. Aristote est mort depuis 322, Platon l'avait précédé dans la tombe en 347. La philosophie que Socrate avait ramenée du ciel sur la terre était remontée d'un bond jusqu'aux plus grandes hauteurs avec ces vastes systèmes métaphysiques qui s'appellent le Platonisme et l'Aristotélisme. La philosophie grecque semble lasse des hautes spéculations, découragée des recherches purement métaphysiques ; elle se reporte vers la considération de la moralité.

En effet, après Aristote la philosophie ancienne ne s'élève plus au-dessus de la physique qui sert, comme elle peut, de fondement à la morale ; ou bien elle devient sceptique, elle va même jusqu'au mysticisme. Comment aurait-il pu en être autrement quand la spéculation recevait tant de démentis des faits et des événements.

« On avait déjà vu bien des fois succomber la justice et le bon droit, mais il était réservé à ce temps de voir le plus insolent triomphe de la force brutale. Démosthène et Hypéride sont morts ; Phocien boit la ciguë. Mais après Démétrius de Phalère, Démétrius Poliorcète s'installe triomphalement à Athènes, souille le temple de Minerve de débauches sans nom, et introduit ouvertement en Grèce la dépravation orientale. Toute la Grèce est en proie à la horde de soldats avides et sans scrupule ; partout la trahison, la fraude, l'assassinat, des cruautés honteuses inconnues jusque-là dans l'Occident. Et ce n'est pas seulement la Grèce, c'est l'univers entier, livré aux lieutenants d'Alexandre, qui donne ce lamentable spectacle.

« Si encore on avait pu laisser passer la tourmente et attendre des temps meilleurs ! Mais l'espérance même est interdite ; l'avenir est aussi sombre que le présent. Le peuple d'Athènes est si profondément corrompu qu'il n'y a plus rien à attendre de lui.

« Quoi d'étonnant si, en présence d'un tel spectacle, quelques-uns se sont laissé aller à désespérer de la vertu et de la vérité, à déclarer que la justice n'est qu'une convention ? Il fallait une vertu plus qu'humaine pour résister à de telles commotions (1) ».

Une doctrine qui demandait peu d'effort d'esprit à ses adeptes, dont les dogmes étaient simples, une telle doctrine venait donc bien à son heure, elle trouvait un milieu propice et bien préparé.

CHAPITRE III

La morale épicurienne.

La fin de la vie humaine suivant l'accord tacite de tous les hommes, c'est le bonheur (2). Voilà le bien suprême, celui auquel tous les autres biens doivent se rapporter et qui ne se rapporte à aucun (3). Mais en quoi consiste-t-il ? à quelles conditions peut-on l'atteindre ? Ici commencent les divergences de vue entre les différentes écoles philosophiques, et c'est sur ce point qu'on rencontre la plus grande originalité d'Epicure. Où place-t-il donc le souverain bien ? Quels sont les moyens qu'il nous offre pour l'acquérir, et quels sont les obstacles qu'il écarte de la route ? Répondre à ces questions, c'est donner un aperçu aussi complet que possible de la morale épicurienne.

I. — LE SOUVERAIN BIEN.

Le plaisir est le souverain bien. — La nature seule doit juger de ce qui est conforme ou contraire à la nature (4). Dans les questions de fin, elle seule peut donner la réponse, la raison est muette, l'expérience seule possède les éléments de

---

(1) V. Brochard. *Les Sceptiques grecs*, passim. — (2) Sénèque. *De vita beata*, I. — (3) Cic. *De Finib.*, I, 9. — (4) Cic. *De Finib.*, ib.

solution. A quoi bon se perdre dans des spéculations sans fin et s'enfoncer dans les abstractions de la métaphysique. Ce qui jaillit de l'être lui-même, ce que l'on constate en lui, ses tendances et ses aspirations, voilà ce qu'il faut étudier.

Or que dit la nature quand on l'interroge sur la question de la destinée ? Quelle est sa réponse ?

Il faut bien que la fin soit pour tous les êtres le plaisir, car à peine sont-ils nés que déjà par nature et indépendamment de la raison, ils se plaisent dans la jouissance, ils se révoltent contre la peine (1). C'est la nature dans sa pureté et dans son intégrité qui juge dans l'animal, car le plaisir l'attire bien avant que les hasards de la vie aient altéré sa nature (2). Et n'allez pas croire qu'elle nous trompe, cette nature dont nous répétons la voix et dont nous traduisons les ordres.

Quand elle agit avant tout calcul de la raison, elle ne saurait nous tromper. Où il n'y a aucun raisonnement, il n'y a aucune erreur, or chez tous les êtres, l'objet que poursuit la nature, c'est le plaisir, il est donc *la fin naturelle* de tous les êtres, le souverain bien.

Pourquoi l'homme échapperait-il à cette loi ? pourquoi ferait-il exception à cette tendance qui sort des choses elles-mêmes ? Aucune raison ne nous autorise à placer l'homme en dehors de l'ordre commun ; bien plus, sa nature le pousse au plaisir comme elle poussait l'animal ; tous ses mouvements, tous ses actes se rapportent à cette fin. Le plaisir est donc pour lui aussi le souverain bien (3). Cela se sent comme on sent la chaleur du feu, comme on voit la blancheur de la neige et que l'on goûte la douceur du miel (4). Il suffit d'avoir des sens et d'être chair pour placer là le suprême bonheur (5). L'hésitation n'est pas possible, la voix de la nature est claire. « Nous disons que le plaisir est le principe et la fin de la vie heureuse ; nous savons qu'il est le bien premier et naturel ; si nous choisissons ou repoussons quelque chose, c'est à cause du plaisir ; nous courons à sa rencontre, discernant tout bien par la sensation comme règle (6). » Le plus grand des biens est de vivre dans la volupté, car la volupté voilà le seul but auquel notre esprit puisse s'arrêter. La douleur voilà l'unique objet de nos craintes et de nos chagrins. Ainsi le veut la nature ; par la volupté seule elle nous attire ; elle ne nous repousse que par la douleur. Comment ne pas accorder dès

---

(1) Diog. L. X, 129, 137. — (2) Cic. *De Finib.*, I, 9. — (3) Diog. L. X, 128. — (4) Cic. *De Finib.* I, 9, 30. — (5) Plutarque. *Adv. Colot.* — (6) Diog. L. X, 129.

lors que le plaisir est le souverain bien de l'humanité (1) ?

L'homme n'est donc pas, à ce point de vue, différent de l'animal (2). Sans doute sa raison pourra confirmer les données des sens ; certains épicuriens l'affirment : « Nos sens, disent-ils, ne sont pas les seuls juges de ce qui est bon et de ce qui est mauvais ; l'esprit, la raison nous font aussi connaître que, par elle-même, la volupté est désirable et la douleur un objet d'aversion (3). Mais de toute manière, la fin est identique. Nous allons nous en convaincre davantage en voyant ce qu'Epicure entend par plaisir.

Le plaisir d'après Epicure. — Demande-t-on ce que veulent dire au juste ces mots de plaisir et de volupté, Epicure n'hésite pas à répondre : « Le principe et la racine de tout bien, c'est le plaisir du ventre (4). » Il ne peut concevoir d'autre jouissance que le plaisir sensible, le plaisir de la chair (5).

Le premier mot de la morale épicurienne est donc : « Le plaisir est le seul bien » ; le second, c'est que par là il faut entendre la volupté physique, la grossière jouissance des appétits matériels, le bien-être de l'estomac. Qu'on le remarque, il ne s'agit pas là d'une simple formule échappée à quelque épicurien de second ordre, ou d'une boutade sans importance, ou d'une calomnieuse invention imaginée par les adversaires nombreux de l'école ; c'est au contraire une des thèses les plus essentielles de l'épicurisme. Les textes sont nombreux, précis, irrécusables.

Pour Epicure, tout ce qui touche le corps sans le flatter ou l'irriter est indifférent (6). « Je ne conçois pas en quoi peut consister le bonheur, je ne comprends plus le vrai bien si j'écarte les plaisirs que produit le goût, si j'écarte ceux que le chant procure à l'ouïe, si j'écarte les impressions agréables que la beauté des formes procure à la vue ; si je retranche toutes les sensations qui nous viennent par les organes du corps. On ne peut pas dire que les plaisirs de l'âme soient les seuls biens désirables, car j'ai toujours vu l'âme heureuse de la perspective des choses que je viens de nommer et de l'espoir d'en jouir sans mélange de douleur. » Il ajoute plus loin : « J'ai souvent demandé à ceux qu'on appelle des sages ce qu'il leur resterait de biens si les plaisirs des sens étaient retranchés. Je n'ai jamais pu obtenir de leur part que de

---

(1) Cic. *De Finib.* I, 12. — (2) *Ib.* I, 9. — (3) Cic. *Acad.* II, 1, 2. *Illi* (Epicuriens) *simpliciter pecudis et hominis idem bonum esse censent.* — Cf. q. *Tuscul.* v, 26. — (4) *Athen.*, XII, 66. — (5) Diog. L. X., 6. — (6) Cic. Cf. *Tuscul.*, v, 36.

vaines paroles (1). » S'il faut en croire Cicéron, le livre d'Epicure qui traitait du « souverain bien » était rempli des mêmes expressions, des mêmes maximes voluptueuses (2). Un mol édredon, des parfums exquis, une coupe douce à vider, un bon plat, voilà ses secrets pour bannir les plus grands chagrins (3).

Epicure ne conçoit pas d'autres plaisirs ; il avait défini la volupté, le souverain bien, « un état paisible et harmonieux du corps (4) » ; il ira plus loin, il y ramènera tout ce qui est noble et grand : « Les choses sages et excellentes, dit-il, ont relation avec ce plaisir (5). » Sans lui, les vertus ne seraient plus ni louables ni désirables (6). La pensée et la science n'ont de valeur et ne se justifient qu'autant qu'elles mènent à la jouissance, et la philosophie elle-même qu'est-elle autre chose, nous l'avons vu, qu'une énergie qui par des discours et des raisonnements procure la vie bienheureuse, c'est-à-dire la vie voluptueuse (7) ? Son ami Métrodore sera plus affirmatif encore : « C'est dans le ventre que la raison se conformant à la nature a son véritable objet (8). » Et ce disciple, aussi estimé que le maître dans l'école, osera faire des reproches à son frère Timocrate de ce qu'il met en doute que le ventre soit la mesure du bonheur de la vie (9).

L'enseignement ne dégénère pas entre les mains des disciples : les dogmes ne furent point pervertis, et Plutarque résumant la doctrine de Colotès, un épicurien illustre de l'époque, nous dit qu'à leurs yeux « le souverain bien consiste au ventre et autres conduits du corps par lesquels entre la volupté au dedans (10). Il trouve que ce sont gens à faire bonne chère, à banqueter toujours, à se donner du bon temps, et à bailler à leur chair d'agréables chatouillements (11). Rien n'est donc changé, le plaisir de la chair est toujours à la base de la morale ; cet élément va persister même après la ruine du système, et devenir, à travers les âges, la partie essentielle de l'esprit épicurien.

Les plaisirs de l'âme. — Il n'y a donc qu'un seul plaisir, le plaisir du corps ; tous les autres s'y rapportent et n'en sont que des variétés. Cependant on entend parler parfois dans

---

(1) Cic. *ib.*, III, 18. — (2) Cic. *ib.*, III, 20. Cf. *Athènes*, XII. — (3) Aulu-Gelle. *Nuits attiques*, IX. — (4) *Ibid.* — (5) *Athènes*, XII, 69. — (6) Cic. *De Finib.*, I, 13. — (7) Sextus Emp. *Adv. Math.*, XI, 169. — (8) Athèn., VII, 2, 8. — (9) Cic. *De natura Deo.*, I, 40. Cf. Cic. *Tuscul.*, V, 9. « *Tu vero, Metrodore, qui omne bonum in visceribus medullisque condideris*, » et la parole de Démosthène à l'adresse de ceux « qui mesurent le bonheur par leur ventre et par leur honte. » *Pro corona.* — (10) Plutarque. *Non. poss. s. v. s.* Epic., 5. — (11) *Ibid.* n. 6, 16.

l'école des « plaisirs de l'âme », y aurait-il donc là un second genre de jouissance et que faut-il entendre par là ?

Epicure admet, en effet, des plaisirs de l'âme. Les sens ont leur volupté, l'esprit n'en sera pas complètement privé, lui aussi jouira. Il aura sa classe particulière de bonheur. Sur ce point le fondateur de l'épicurisme se séparait de son maître Démocrite, il rentrait dans la grande lignée des philosophes moralistes, tout en ménageant par ce moyen plusieurs perfectionnements à l'hédonisme vulgaire.

Aristote et Platon avaient cru, et la plupart des philosophes les avaient suivis, qu'il y avait diverses sortes de plaisirs : les uns se rapportant au corps, les autres à l'âme, les premiers faisant le bonheur de la partie matérielle de l'homme, les seconds assurant la félicité de la partie spirituelle. Epicure, par sa distinction, reprend donc la classification traditionnelle.

Mais il la corrige et la ramène à son point de vue. Pour ses prédécesseurs, ces sortes de plaisirs étaient hétérogènes et spécifiquement distincts ; pour lui, ils ne sont que deux aspects d'une même chose, il les réduit à l'unité et voici comment.

Il n'y a qu'un plaisir unique qui est corporel ; il est le principe et le fondement de toutes les jouissances. Mais ce plaisir après avoir été actuellement senti, peut être remémoré. De la jouissance passée, nous avons gardé le souvenir, et par suite, nous la rappelant, nous pouvons nous la souhaiter pour l'avenir ; or c'est l'âme qui se souvient et qui prévoit : c'est l'esprit qui est le sujet de ces différents phénomènes ; le plaisir qui se trouve dans ces opérations est donc sa propriété et l'on peut dire qu'en ce sens il y a des plaisirs de l'âme. C'est là une jouissance à deux degrés, semble-t-il ; nous avons affaire au plaisir du plaisir. L'homme jouit une première fois dans son corps ; cette jouissance laisse une image qui se fixe dans la pensée ; elle y restera longtemps, et pour la moindre raison ce souvenir reviendra, séduisant comme la jouissance même ; il fera naître le désir et l'espoir ; n'est-ce pas déjà une possession ? n'est-ce pas déjà un plaisir.

On voit donc dans quel sens il faut entendre les plaisirs de l'âme. Ce sont des plaisirs corporels (1) conservés par la mémoire, ou anticipés par l'espérance ; le plaisir de l'âme est toujours un plaisir remémoré ou espéré. On saisit aussi que, malgré le rapport qui unit étroitement ces deux sortes de jouissances, il y a une notable différence. Le plaisir de l'esprit

---

(1) *Hospes hic bene manebis :* « *hic summum bonum voluptas est.* » Sénèque. Lettres, 21.

n'est que la volupté de la chair accompagnée de l'idée de passé ou d'avenir, c'est une anticipation ou un souvenir (1). Mais tandis que le corps jouit du présent, l'âme jouit du passé et de l'avenir ; tandis que la chair jouit pour le présent, l'esprit jouit pour le présent, mais aussi pour le passé et pour l'avenir ? (2).

En résumé, on peut dire avec Clément d'Alexandrie que « la joie de l'âme consiste en ce que la chair jouit par avance du plaisir (3) ». Aussi Plutarque, dans son curieux traité « que la doctrine d'Epicure ne peut procurer une vie agréable », raille-t-il spirituellement ce singulier travestissement des jouissances physiques en jouissances morales. « Ils sont vraiment magnifiques, ces épicuriens, lorsque prenant leur point de départ dans le corps où en effet le plaisir se manifeste d'abord, ils passent de là à l'âme comme à quelque chose de plus solide, et achèvent en elle toute l'affaire de la volupté. Mais quand vous les entendez ensuite attester eux-mêmes que toute joie et toute sérénité de l'âme se rapportent aux jouissances sensibles ou présentes ou attendues, et que c'est là pour elle le bien unique, ne vous semble-t-il pas qu'ils se servent de l'âme comme d'un filtre à passer les plaisirs, et que comme on verse le vin d'un vase fêlé dans un vase intact, ils font de même pour la volupté, la versant du corps dans l'âme, afin qu'elle s'y conserve et devienne meilleure en vieillissant. Mais ce plaisir ainsi transvasé ne peut rester dans l'âme et reflue dans son premier contenant. Ils sont donc contraints de revenir à leur point de départ, et comme l'avoue Epicure, après avoir appuyé le plaisir de la chair sur la joie de l'esprit, de donner pour fin et pour objet à la joie de l'esprit le plaisir même de la chair. » Cette transformation qu'Epicure fait subir à la doctrine d'Aristippe est de grande importance ; nous allons, par la suite du développement, en voir les conséquences et les heureuses applications.

L'utilitarisme épicurien. — Cette théorie des plaisirs de l'âme permet d'abord à Epicure d'introduire dans la morale hédoniste le principe de l'utilité. Le plaisir est le bien sans doute, mais encore faut-il ne pas l'accepter de la même façon dans les différentes circonstances de la vie ; encore serait-il prudent de faire un choix parmi les plaisirs, on trouverait peut-être là le moyen de jouir davantage.

Aristippe, le fondateur de l'école de Cyrène, et le maître d'Epicure en morale, prétendait que tous les plaisirs se valent,

---

(1) Clémen. A. Strom. II. — (2) Diog. Laer., II, 87. — (3) Clémen. Al. Strom. *ib.* II.

que l'un n'est pas plus sensible que l'autre (1) ; et il mettait sa conduite en conformité avec ses principes (2). Sans doute il conseille au sage de conserver son indépendance en se tenant au-dessus des événements, mais par cette vertu il entend une souplesse d'allures et une facilité de mœurs qui se fait à toutes les situations et en profite le mieux possible. Voici en quoi doit consister la conduite du sage ; le plaisir du moment présent seul est le bien, il faut donc le saisir quand il se présente. En dehors de cette jouissance actuelle et positive, de ce *plaisir en mouvement,* comme il l'appelle, il n'y a pas de bonheur possible pour l'homme, c'est donc là sa fin et le terme de ses aspirations.

Epicure maintient le principe fondamental de l'école cyrénaïque ; il place, comme elle, le souverain bien dans la volupté. Mais il ne suffit pas d'assurer le bien du moment, il veut un bien plus stable, c'est la béatitude de toute la vie qu'il entreprend d'organiser, et non pas seulement la jouissance passagère d'un fugitif instant. En effet, l'expérience en est témoin, la nature humaine, capable de souvenir et d'anticipation, ne borne pas ses pensées au moment qui s'écoule, et les sentiments qui s'étendent à l'avenir et au passé entrent pour une plus large part que les sensations et les jouissances présentes dans le tissu du bonheur ou du malheur. Il ne suffit donc pas simplement de saisir la volupté au vol sans se soucier de la veille ni du lendemain.

Dès lors il importe de considérer la suite de ses actes. C'est le principe de l'utilitarisme qui s'installe en morale. Certains plaisirs sont suivis d'intolérables douleurs ; certaines douleurs produisent le plaisir ; dans ces conditions, il importe de calculer les suites de l'un et de l'autre ; il faut s'abstenir des jouissances qui amèneraient après elles une peine plus grande, et embrasser les douleurs qui conduiraient à un plus grand plaisir. Toute douleur est un mal, et pourtant toute douleur n'est pas toujours à fuir (3) », précisément parce qu'elle peut nous valoir des jouissances supérieures. Le calcul et la prévoyance deviennent les grands instruments de la félicité. « Nous en usons avec le bien, à certains moments, dit Epicure, comme avec le mal, et de nouveau nous nous servons du mal comme d'un bien (4). » Le sage dispose ses émotions d'après leur utilité ; il est un véritable industriel, un habile commerçant, un prudent banquier qui combine ses actions

(1) Diog. L. II, 87. — (2) *Ibid.,* II, 3. — (3) Diog. L. X, 129. — (4) Diog. L. X, 130.

suivant leur rapport plus ou moins grand ; c'est un calculateur patient qui établit pour chacun de ses actes le bilan des plaisirs et des douleurs. Aussi la fortune a-t-elle peu de prise sur lui : sa raison a réglé les choses les plus grandes et les plus importantes, et pendant toute la durée de la vie elle les règle et les réglera (1).

L'ataraxie. — C'est là une première divergence de doctrine entre Aristippe et Epicure, le premier ne s'attachant qu'au présent, le second y ajoutant la considération du passé et de l'avenir. Voici une seconde différence : les cyrénaïques n'admettent que le *plaisir en mouvement,* tandis que les épicuriens sont attachés au *seul plaisir en repos,* au plaisir constitutif.

Il n'y a pour la nature qu'un mal, la douleur ; par conséquent aussi qu'un désir et qu'un bien, l'exemption de la douleur. Dès qu'il y a absence de peine, il y a présence de plaisir (2). « Le plaisir dans la chair ne peut s'accroître, une fois disparue la douleur causée par le besoin ; il peut seulement être varié (3). » Il s'ensuit que le dernier terme du plaisir, c'est non pas le mouvement, mais le repos. J'ai faim ou soif, que demande la nature ? C'est d'apaiser sa faim et d'étancher sa soif ; c'est d'être délivrée de la pénible sensation qui la tourmente. Dans ce terme final, peut-on voir autre chose que le repos par la simple suppression de la douleur. Les cyrénaïques ont donc tort de croire que le véritable plaisir est le plaisir en mouvement, ce n'est en fait qu'un plaisir auxiliaire, un chemin pour atteindre le plaisir fondamental, constitutif, le plaisir en repos.

On comprend par suite ce que veut dire ce mot : ataraxie. « Le mot de la sagesse, l'art de vivre, c'est d'arriver à ne plus rien sentir... L'épicurisme met le souverain bien dans l'absolue impassibilté, une abstraction, une négation, un rien (4). » La fin de l'homme, c'est de ne pas souffrir dans son corps et de ne pas être troublé dans son âme ; aussi fait-il son possible dans le but de ne pas souffrir et de ne pas se trouver dans l'inquiétude et dans la crainte (5). L'exemption de tout ce qui cause de la souffrance, c'est là le plaisir le plus élevé, le plaisir final (6) qui n'est rien comme on le voit, que la fin de la douleur. En résumé, le terme extrême de la félicité est de ne souffrir aucune douleur, et lorsque nous sommes affranchis de la peine, nous jouissons de la délivrance même (7).

(1) Diog. L. X, 141. — (2) Cic. *De Finib.*, I, 10. — (3) Diog. L. X. 144. — (4) Ravaisson. *Essai sur la métaphysique d'Aristote*, II, 105. — (5) Diog. L. X, 131. — (6) Diog. L. X. 128. Cf. *De Finib.*, I, 11. — (7) Cic. *De Finib.*, I, 37, II, 56.

Le sens du mot « volupté » se précise par le fait même. « Quelle est la volupté que nous cherchons ? dit Torquatus. Est-ce seulement celle qui chatouille la nature par je ne sais quelle douceur secrète et qui excite des sensations agréables ? Non, car l'absence de la douleur est aussi pour nous une volupté très grande. Dès que la douleur se retire, nous éprouvons de la joie. Or tout ce qui nous inspire la joie est volupté, comme tout ce qui blesse est douleur. C'est donc avec raison que le nom de volupté a été donné à l'éloignement d'une douleur quelconque... Voilà pourquoi Epicure n'admet pas de milieu entre la douleur et la volupté, et cette absence de toute sensation pénible que quelques-uns ont regardée comme intermédiaire, il en fait, lui, non seulement un plaisir, mais un plaisir extrême (1). »

Comment acquérir l'ataraxie. — Le bonheur de l'homme réside donc tout entier dans le plaisir, et par là il faut entendre le plaisir physique de l'estomac, la jouissance grossière du ventre.

Comment expliquer que la même doctrine affirme que le sage est heureux partout ? Peut-on rencontrer deux assertions plus différentes ? Quoi qu'il arrive, fût-il tourmenté et agité, fût-il accablé de douleurs et d'infirmités, se trouvât-il dans le taureau de Phalaris, le sage épicurien ne se borne pas à dire que l'on doit supporter la douleur, il s'écrie : « *O quam suave est !* (2) » On le sait, Epicure se déclarait parfaitement heureux le dernier jour de sa vie, malgré les atroces souffrances que lui faisait endurer la maladie dont il mourut (3). Encore une fois, comment le même philosophe a-t-il pu déclarer d'une part que le plaisir physique est le souverain bien, et d'autre part que le sage est heureux, même quand il souffre les plus vives douleurs?

La distinction des plaisirs du corps et des plaisirs de l'âme explique et résout cette apparente antinomie.

Voici d'abord comment le sage doit s'y prendre pour être heureux même dans la douleur. L'homme a la faculté de se souvenir et parmi les images du passé, il peut à son gré écarter celles qui lui sont pénibles et accueillir celles qui lui sont agréables. La volonté s'y applique, s'y attache de toutes ses forces, et par suite de cette concentration l'image peut devenir assez forte pour émousser les impressions sensibles de l'heure présente, c'est une véritable auto-suggestion ou même une hallucination. Dès lors on peut être heureux comme on le

(1) Cic. *De Finib.*, I, 11. — (2) Cic. Cf. *Tusc.*, II, 17. — (3) Diog. L. X. 22.

veut, puisque pour l'être, il suffit de croire qu'on l'est (1). Et ce bonheur qui provient volontairement d'une image du passé, peut être assez fort pour écarter les sensations douloureuses (2).

Epicure, dit Cicéron, propose deux remèdes pour combattre le chagrin, c'est de bannir la pensée du mal et de s'attacher aux idées du bonheur, car il croit que le cœur peut obéir à la raison et la suivre où elle prétend l'amener. Or la raison nous engage à chasser les pensées chagrines, elle nous excite à porter nos regards au spectacle de tous les plaisirs qui peuvent caresser notre imagination. Du souvenir des jouissances passées et de la perspective des jouissances à venir, Epicure remplit la vie du sage (3). Il substitue aux chagrins qui nous affligent des idées agréables (4).

La conciliation peut se faire entre le principe de l'épicurisme et sa conclusion. Le bonheur que le sage réalise à son gré, en quelque circonstance qu'il se trouve, est toujours l'image d'un bonheur passé, ce plaisir n'est que le plaisir d'un plaisir. Nous avons ici comme une substitution à trois degrés. Une douleur présente qui tourmente l'homme est remplacée par l'image d'un plaisir, et cette image n'est elle-même que le substitut d'une jouissance physique antérieurement goûtée. En fait, c'est toujours dans le plaisir physique que le sage épicurien jouit de la félicité. Par un libre jeu de son imagination, le sage opposant un plaisir à une douleur, atteint le bonheur même dans l'adversité ; par le même jeu de la fantaisie, l'homme heureux peut aussi se tourmenter avec de vaines terreurs, d'absurdes superstitions ou de ridicules inventions. Et l'on voit comment cette ingénieuse substitution a pour raison fondamentale la distinction des plaisirs de l'âme et des plaisirs du corps ; nous nous reposons, par l'imagination et la mémoire, dans le plaisir passé ou la jouissance à venir, et ainsi, même dans les périodes troublées, revient le calme.

Tout converge donc dans cette éthique à un même et unique point ; tout nous amène donc à dire, comme conclusion, que le souverain plaisir ou le souverain bien est définitivement pour Epicure l'absence de peine et d'inquiétude, le repos en soi-même et la tranquillité.

Horace nous a dépeint un Epicure couronné de roses, une coupe à la main, faisant des libations à Vénus et à Bacchus ; mais pour l'Epicure véritable, l'Epicure de Lucrèce, l'Epicure

(1) Cic. *De Finib.*, II, 27. — (2) Diog. L. X, 21. — Cf. *ib.*, V, 28. — Sénéq. Ep. 66. — Lactance. *Div. Inst.*, III, 27, 5. — (3) Cic. Q. *Tusc.* III, 15. Cf. S. Augustin. *Serm.*, 348. — (4) Cic. Q. *Tusc.*, III, 21.

à jeun, la douleur était bien plus redoutable que le plaisir n'était attrayant : fuir la douleur était la grande affaire de la vie ; ne pas souffrir était le commencement de la sagesse. L'aiguillon de la douleur lui paraît si terrible qu'il le redoute encore au sein de la joie, et en sent la piqûre jusque dans le plaisir : c'est que le désir, et le désir non satisfait, est une douleur. Ne point jouir pour ne point souffrir, l'ataraxie, l'apathie, telle est la fin dernière du sage épicurien.

II. — Les instruments du bonheur.

Le plaisir, tel est donc le souverain bien pour l'homme ; en jouir, tel est son suprême bonheur. Mais ce n'est pas tout d'indiquer le but à atteindre et la fin à poursuivre, il faut encore donner les moyens de toucher ce but et de conquérir cette fin. Peut-être cette félicité que l'on indique comme terme à nos efforts et à nos aspirations, n'est-elle qu'un idéal, moins encore une illusion ? Avons-nous les ressources nécessaires et les instruments suffisants pour en posséder la réelle jouissance ? C'est la théorie de la liberté et de la vertu dans la philosophie épicurienne qui donneront la réponse à cette question.

A. — Le problème de la liberté.

Nous abordons ici une question obscure et délicate : la théorie du mouvement spontané qu'Epicure attribue aux atomes, la théorie du clinamen. Elle a fait l'objet de nombreuses disputes parmi les historiens de la philosophie, et les critiques sont encore loin de s'entendre sur le sens exact que l'on doit donner à cette doctrine.

Cela n'empêche pas d'ailleurs de reconnaître le mérite d'Epicure. Il est un fait indéniable, c'est que l'on peut le ranger parmi les partisans de la liberté. Il y a peu de choses à louer dans sa morale, celle-là en est une. Epicure a compris, et cela lui en est un honneur, que la morale ne peut exister sans la liberté ; il nous offre une philosophie pratique à laquelle ne fait pas défaut la première et indispensable condition de la moralité, le libre arbitre.

Le fait de la liberté. — Pour Epicure, l'homme est libre. Il a su rompre les chaînes du destin, et il possède, suivant l'expression de Lucrèce « une libre volonté, arrachée aux destins, *fatis avolsa voluntas* ». Comment cela se fait-il ?

L'homme est un composé d'atomes ; mais les corpuscules qui constituent son âme sont plus coulants, plus subtils, plus déliés que les éléments du corps ; ils sont de forme ronde, et roulent aisément les uns sur les autres. De plus ces atomes, pris individuellement, sont libres ; ils sont, comme tous les atomes qui constituent l'univers, doués de spontanéité ; d'où dans l'homme comme dans l'univers le libre arbitre.

C'est à la vérité une étrange liberté ; il serait plus juste de l'appeler un indéterminisme absolu. En effet, cette déclinaison spontanée que possèdent les atomes, n'est pas générale comme la pesanteur ; elle est propre à chaque atome, c'est un caractère absolument particulier et individuel. La légère inflexion qu'elle produit n'est déterminée, ni pour le temps ni pour le lieu, Lucrèce le dit d'une façon expresse. Les atomes s'écartent de la ligne droite dans des temps et des espaces indéterminés « *incerto tempore incertisque locis* » (1). La déclinaison des atomes se fait à des heures et à des endroits qui ne sont aucunement fixés, « *nec regione loci certa, nec tempore certo* (2) ».

Ainsi les atomes se mettent en mouvement et dévient sans cause ; aucun ne dirige l'évolution et la déclinaison ; ils ne se concertent pas entre eux ; au contraire ils s'opposent, se heurtent et réagissent au hasard, et c'est en cela que consiste le libre arbitre ou plus exactement l'indéterminisme épicurien.

Origine de la liberté épicurienne. — La théorie de la déclinaison spontanée n'a pas sa véritable origine dans un souci tout nouveau de rigueur doctrinale. Epicure adopte le système atomistique de Démocrite (3), il y trouve la plus absolue nécessité dans l'enchaînement des atomes, et il la transforme en un absolu indéterminisme. N'allez pas croire qu'il veut perfectionner la doctrine de son maître, la spéculation pure est trop loin de sa pensée ; il veut, ce faisant, simplement rendre possible sa morale. Autour de l'éthique épicurienne tourne le reste de la doctrine ; Epicure n'a d'autre souci, dans la constitution de son système, que de mettre les différentes parties d'accord avec le point central, la morale.

On sait que l'école spiritualiste d'Athènes, avec Socrate, Platon, Aristote avait, à cette époque, jeté dans la spéculation une idée dont il était difficile de ne pas tenir compte, celle d'une activité propre à l'individu, l'idée de liberté. On serait facilement tenté dès lors de croire qu'Epicure a voulu la faire entrer dans son système (4). On commettrait toutefois une

---

(1) Lucrèce, II, 217. — (2) *Ib.* II, 293. — (3) Nous verrons plus loin pourquoi ce système eut les préférences d'Epicure. — (4) Cf. Pillon. Année philosophique 1892. L'Evolution de l'atomisme.

grosse erreur. En fait, le processus, suivi par le fondateur de l'Epicurisme est tout autre. C'est par accident qu'il a conçu le dessein de compléter Démocrite, et c'est par suite de certaines exigences spéciales de sa doctrine qu'il en est venu à imaginer la théorie du clinamen ; ainsi Anaxagore avait été conduit à l'idée de l'« Esprit » organisateur qui fait l'originalité de sa philosophie.

Le calme, le repos, voilà, en fin de compte, le véritable bonheur de l'homme. Il faut donc le délivrer de toutes les sources de trouble et d'inquiétude : l'idée mère de la morale épicurienne est celle de la délivrance, et son fondateur est salué souvent du titre de libérateur. Or parmi ces causes de bouleversement et d'agitation, la crainte est, à coup sûr, le plus grand des maux dont l'âme peut souffrir.

Or admettre avec Démocrite que « toutes choses dans le monde se font selon la nécessité (1) », n'était-ce pas laisser le champ libre à une crainte bien plus terrible que celle des dieux ? Dans le système abdéritain tout est lié, nécessairement enchaîné. A l'origine la nécessité a mis en branle les atomes, et le monde, à la suite de cette première impulsion, a déroulé le cours de ses événements par une nécessaire conséquence. « N'était-il pas meilleur d'ajouter foi aux fables sur les dieux que d'être asservi à la fatalité des physiciens. La fable, en effet, nous laisse l'espérance de fléchir les dieux en les honorant, mais on ne peut fléchir la nécessité (2). » Donc suivre complètement Démocrite, ne pas corriger du tout sa doctrine, c'est-à-dire n'admettre dans les atomes qu'un seul principe de mouvement et un principe régi par des lois mécaniques, c'est réduire le monde à un enchaînement éternel de causes fatales, et le soumettre au règne de la seule nécessité dans l'universelle évolution. C'est de plus se mettre en contradiction avec le point initial de la morale et exposer l'homme à concevoir des terreurs d'autant plus effrayantes qu'elles seront suscitées par un au-delà autrement terrible et inconnu que celui des dieux.

La conclusion s'impose : il faut supprimer du système de Démocrite l'inexorable nécessité, il faut trouver un « principe capable de rompre les liens du destin et qui empêche la cause de suivre la cause à l'infini (3). » Pour cela, il suffit de concevoir la nature sans les dieux et sans la nécessité, et comment y arriver sans donner aux atomes la spontanéité qui

---

(1) Diog. Laer. ii. — (2) Diog. Laer. x, 131. — (3) Lucrèce, ii, 255.

les rendra capables de s'harmoniser d'eux-mêmes, sans intervention étrangère ? Etant donné le point de départ, la théorie atomistique ; étant admis le but de la morale épicurienne ; étant connues enfin les conditions pour atteindre ce but, l'hypothèse du clinamen paraît fort naturelle.

Epicure imagine donc ce que Cicéron appelle des déclinaisons menteuses, *commentitias declinationes*, et par ce moyen il croit échapper à la nécessité. Les atomes peuvent, par cette puissance de mouvement spontané, dans un temps indéterminé s'écarter d'eux-mêmes de la parallèle qu'ils devraient suivre d'après les lois de la pesanteur (1). Ils dévient d'une manière insensible, s'avancent de la sorte vers d'autres atomes, les rencontrent, s'y agrègent pour de nouveau rebondir dans de nouvelles révolutions, et former le monde que nous voyons.

Mais la conséquence s'ensuit avec la même rigueur : si l'on introduit l'indéterminisme et la spontanéité dans la nature, il faut l'introduire aussi dans l'homme. On comprend ainsi comment la logique seule du système, plus peut-être que les bonnes dispositions du fondateur, exigeait la liberté dans le système épicurien. Pour Epicure le clinamen est comme le postulat de sa philosophie pratique, et le hasard absolu, le libre arbitre sont des conséquences de ce clinamen.

On peut donc conclure : il faut que l'homme soit libre parce qu'il est composé d'atomes libres, et tous les atomes sont libres parce qu'il faut supprimer la nécessité dans le monde ; et c'est finalement pour supprimer la crainte qu'il faut enlever du monde la nécessité des physiciens aussi bien que les dieux du vulgaire.

La démonstration épicurienne de la liberté humaine. — Faut-il aller plus loin ? Outre cette manière indirecte d'arriver au libre arbitre, y a-t-il dans la doctrine épicurienne une démonstration directe ? Peut-on trouver dans le système épicurien une théorie parfaitement raisonnée de la liberté ?

Plusieurs l'ont cru ; les opinions de tous ont été parfaitement résumées par J.-M. Guyau dans un des meilleurs chapitres de son livre sur « *La morale d'Epicure* ». Voici quelle est la suite de leur argumentation.

Le point de départ, c'est l'homme, et non pas le monde. Par l'observation intérieure, par l'expérience interne, Epicure trouve dans l'âme humaine un principe de spontanéité. Mais

---

(1) Cf. Ravaisson. *Métaphysique d'Aristote*, II, 91.

cette source d'énergie indépendante ne pourrait-on pas l'étendre au monde ? L'indéterminisme, le hasard, ou, si on le veut, la liberté que l'on trouve en l'homme, voilà ce qu'Epicure désire et recherche afin de pouvoir chasser le déterminisme de sa cosmologie.

Nous distinguons en nous-mêmes un double mouvement qu'il est impossible de confondre : le mouvement spontané et le mouvement contraint. « C'est de la volonté de l'esprit que le mouvement procède d'abord : de là il est distribué par tout le corps et les membres. Et ce n'est plus la même chose quand nous marchons sous le coup d'une impulsion, cédant aux forces supérieures d'un autre, et à une contrainte violente. Car en ce cas, il est évident que toute la matière de notre corps marche et est entraînée malgré nous jusqu'à ce qu'elle ait été réfrénée à travers les membres par la volonté. Ne voyez-vous pas alors, quoique souvent une violence extérieure nous pousse, nous force à marcher malgré nous et nous entraîne en nous précipitant, ne voyez-vous pas que cependant il y a dans notre cœur quelque chose qui peut lutter contre elle et se dresser en obstacle (1) ? »

Un autre fait dans lequel se révèle la liberté, c'est l'opposition que l'on rencontre entre l'élan de la volonté et la lente exécution de ses ordres : « Ne voyez-vous pas, quoique la carrière soit devant lui ouverte en un instant, que l'impétuosité ardente du coursier ne peut s'élancer aussi soudainement que le désir l'âme même ? C'est que toute la masse de la matière, à travers le corps entier, doit être recueillie, rappelée dans tous les membres pour qu'une fois rassemblée, elle puisse suivre l'élan de l'esprit (2). »

L'homme est donc doué de liberté. Nous avons la conscience nette, le sentiment vif interne de cette spontanéité. C'est du fond de nous-mêmes que nous en vient la révélation. Mais nous avons vite fait de l'étendre au monde tout entier. Il n'y a rien sans cause ; donc le pouvoir qui est en nous, doit avoir son principe hors de nous et se retrouver dans les germes des choses, les atomes. Lucrèce le dit en termes clairs : « C'est pourquoi dans les germes des choses, il faut avouer qu'il existe également, outre le choc et outre la pesanteur, une autre cause de mouvement, de laquelle nous est venue à nous-mêmes cette puissance qui nous est innée, car de rien nous voyons que rien ne peut sortir (3). »

(1) Lucrèce, II, 269. sq. — (2) Lucrèce, II, 263. — (3) Lucrèce, II, 284.

L'exposé est séduisant, le raisonnement paraît rigoureux. Mais avec M. Fonsegrive, il nous semble qu'on force le sens de Lucrèce, qu'on ajoute à sa pensée. A examiner de près tout le passage du poète latin, on constate qu'en fait il s'agit, non pas d'enseigner *ex professo* la doctrine du libre arbitre, d'en faire une théorie à part, mais de trouver une solution à une difficulté de la physique épicurienne. En d'autres termes, le libre arbitre n'est pas un but direct, mais une conséquence d'une doctrine plus large dont l'argument par la conscience n'est qu'une des preuves.

Et voici le sens le plus logique de l'argumentation.

1° Les atomes se rencontrent, or ils ne peuvent se rencontrer qu'en déviant, donc ils dévient, ils ont en eux un principe de déviation, une force de spontanéité.

2° Ce qui prouve encore cette déviation, c'est la volonté humaine. « S'il n'y a pas un principe qui rompe les chaînes du destin et empêche la cause de suivre la cause à l'infini, d'où vient sur la terre aux animaux, d'où vient cette libre volonté arrachée aux destins, *fatis avolsa voluntas* (1). »

On le voit, ce sont deux preuves absolument séparées qui se fortifient l'une l'autre, et il semble légitime de conclure que le clinamen n'est pas induit de la spontanéité reconnue dans l'âme humaine, mais au contraire que l'indéterminisme de la volonté n'est qu'un corollaire de l'indéterminisme du monde.

Quoi qu'il en soit de cette question, il faut remarquer, de toute manière, l'étroite liaison établie entre l'homme et l'univers ; c'est le point saillant du système. La liberté dans l'homme est liée à la liberté dans le monde, et inversement l'indétermination absolue des phénomènes qui se passent dans la nature, s'accompagne nécessairement de l'indétermination absolue des actes que la volonté impose à l'âme humaine.

B. — LA THÉORIE DE LA VERTU.

La vertu en général. — La volupté est le souverain bien, par suite, tout le reste n'est que moyen par rapport à cette fin, la vertu comme la fortune. De quelle erreur seraient désabusés, en écoutant Epicure, les philosophes qui placent le bonheur dans la vertu, et qui, éblouis par ce beau nom, ne comprennent point les exigences de la nature : « La vertu ! elle est, j'en fais l'aveu, dit le représentant de l'épicurisme

---

(1) Lucrèce, II, 254.

dans Cicéron, elle est belle et sans prix ; mais dites-moi, la trouveriez-vous digne de vos louanges et de vos vœux, si elle ne produisait la volupté (1) ? »

La vertu épicurienne n'est donc rien sans l'agréable, sans la jouissance, et ces vertus dont on parle tant dans l'antiquité ne seraient plus ni louables ni désirables sans le plaisir (2). Il faut priser l'honnêteté, il va sans dire, il faut aimer la vertu et toutes les autres choses semblables, mais à condition qu'elles procurent du plaisir ; si elles n'en procurent pas, il faut leur dire adieu (3).

Le stoïcien Cléanthe a dépeint avec justesse et esprit, aux yeux de Cicéron, le rôle de la vertu dans la morale épicurienne. « Figurez-vous, disait-il à ses auditeurs, la volupté personnifiée par la peinture : magnifiquement vêtue, parée comme une reine, elle est assise sur un trône ; près d'elle sont les vertus, ses suivantes, dont l'unique fonction est de la servir et de s'approcher de son oreille (si toutefois l'art du peintre pouvait exprimer ce mouvement) pour l'avertir de s'abstenir de tout ce qui peut blesser les âmes des hommes ou leur causer quelque douleur. Nous autres, vertus, lui disent-elles, nous naissons vos esclaves ; vous servir voilà notre seul devoir (4). »

Voilà qui est clair, le rôle de la vertu se précise singulièrement ; elle n'est plus un bien en soi, par elle-même, comme dans la philosophie d'Aristote, elle n'est bonne qu'en tant qu'elle nous procure la jouissance. Ce qui n'empêche pas d'ailleurs que la vertu est inséparable du plaisir, qu'il ne peut y avoir de vraie jouissance et de vie heureuse sans la vertu. Toutes les autres choses qui s'attachent au souverain bien, ne sont que des accidents qui s'évanouissent avec lui, les vertus au contraire n'ont rien non plus qui les fasse souhaiter pour elles-mêmes, mais elles seules sont inséparables du plaisir ; être heureux, c'est par le fait être vertueux (5).

L'on comprend maintenant comment l'épicurien de Cicéron peut s'écrier avec une apparence de raison : « Cet homme qu'on accuse d'être trop livré à la volupté, Epicure n'a de voix que pour crier qu'on ne peut vivre heureux sans être prudent, honnête et juste ; ni être prudent, honnête et juste sans être heureux (6).»

En vérité Epicure prêche toutes les vertus, sachant parfaitement qu'elles ne s'imposent pas à la conscience, mais

---

(1) Cic. *De Finib.*, I, 13. — (2) Cic. *ib.*, II, 15. — (3) *Athén.*, XII, 67. Cf. Sénèque, Ep. 85. — (4) Cic. *De Finib.*, II, 21. — (5) Diog. L. X, 128. — (6) Cic. *De Finib.*, I, 18.

qu'elles se recommandent toutes à la raison comme autant d'instruments de plaisir : le disciple d'Epicure fera par intérêt les sacrifices que d'autres font par générosité ou par devoir.

En dehors de la *prudence*, de cette sagesse foncière que nous connaissons déjà et dont le terme est l'ataraxie, il faut signaler comme plus importantes parmi les vertus et comme plus conseillées par les épicuriens : la tempérance, la justice et l'amitié ; elles sont comme les vertus cardinales du système.

Les vertus. La tempérance. — La tempérance est une vertu essentielle de l'épicurisme ; la chose n'est pas pour étonner, elle est trop dans la logique du système. Dès lors que le principe du plaisir fait place au principe de l'utilité, le calcul tempérant devient la vertu fondamentale (1) ; la sobriété est infiniment recommandable, nécessaire même pour atteindre le souverain bien.

Le sage épicurien doit donc la pratiquer, non par un inconcevable esprit de mortification ou un ridicule ascétisme, mais parce que le bonheur est plus facile à qui possède cette vertu, et que par elle, il s'obtient à bien moins de frais. Au fond, les repas modestes ne le cèdent pas aux banquets les plus magnifiques : les premiers répondent en effet comme les seconds au vœu de toute nature, la suppression de la douleur, *ut corpore sejunctus dolor absit,* comme dit Lucrèce. Une vie simple, des habitudes modestes, voilà donc, à tout prendre, le meilleur et le plus agréable genre de vie que nous puissions adopter. Elle met le contentement à des conditions qui ne dépassent point les moyens de tous ; cette modération est donc bien dans l'esprit de l'épicurisme, outre que par ce moyen les régals extraordinaires envoyés par le hasard acquièrent beaucoup plus de relief. Epicure, pour faire un repas de gala, demandait à l'un de ses disciples un peu de fromage ; sur ce point, du moins, il pratiquait ses maximes, et il était en droit de se fâcher quand on l'accusait de prêcher une volupté de gloutons : « Je suis, disait-il, plus avancé que mon disciple et ami Métrodore dans l'art de la vie heureuse ; car il lui faut un pain tout entier pour se nourrir tandis qu'un demi-pain me suffit. » Ne voilà-t-il pas l'abstinence et la tempérance qui sont la mesure de la sainteté et de la perfection dans la morale du plaisir.

C'est d'ailleurs là, il faut le noter, un moyen de rendre le

(1) Diog. L. X, 132.

bonheur accessible à tous. Epicure ne veut pas fonder la morale d'une élite, une règle de vie pour des aristocrates ; c'est la morale de tous qu'il prétend établir, il doit donc mettre la félicité à la portée de toutes les bourses et de tous les efforts. Or quoi de plus facile que de modérer ses désirs ? C'est là une ambition que tout le monde peut avoir, il suffit de connaître la hiérarchie des désirs, Epicure l'établit avec grand soin.

Il distingue trois espèces de désirs : 1° les désirs naturels et nécessaires (la faim, la soif) qu'il faut satisfaire, mais qui se contentent de peu ; 2° les désirs naturels et non nécessaires (l'amour) qu'on peut ne pas assouvir ; 3° les désirs qui ne sont ni naturels ni nécessaires (l'ambition), qui ne sont que des besoins d'opinion et auxquels il ne faut jamais céder (1).

Briser cet ordre, méconnaître cette hiérarchie, c'est se jeter dans la mauvaise voie et s'acheminer lentement à la douleur. Si l'on se conduisait toujours par les conseils de la raison, la suprême richesse serait la modération et l'égalité d'âme, car on ne manque jamais quand on désire peu (2). Resserrer, cacher sa vie, se renfermer dans la plus stricte modération, telle est la loi de cette morne et triste volupté ; et sous ce jour, on ne s'étonne pas de la voir appeler « une morale de couvent, de couvent sans religion qui était remplie d'herbes, de fruits et d'abstinences (3) ».

Le courage. — Cette connaissance raisonnée de la véritable utilité des choses produit naturellement le courage. Le juste est celui qui vit sans trouble et sans désordre ; l'injuste au contraire est toujours dans l'agitation (4). » C'est que le premier seul se tient ferme en face des événements, et sait conserver son calme dans toutes les circonstances. Dans la torture il pourra jeter des cris et des plaintes (5), il n'en faudra pas conclure qu'il craint. De quoi pourrait-il encore s'effrayer ? Les dieux, ces tyrans des hommes, mais ils n'ont aucun rapport avec le monde ; la mort, elle n'est pas un mal ; la souffrance, il peut la rendre vaine par l'anticipation. « Les hommes ne troubleront pas plus son calme que les foudres de Jupiter et les coups de la destinée : s'ils l'envient, s'ils le méprisent, il dominera par sa raison leur haine, leur envie, leur mépris même (6). »

L'amitié. — L'amitié était le fondement de la société épi-

---

(1) Diog. L. X, 149. — (2) Lucrèce, v, 115, sqq. — (3) Saint Jérôme. *Contre Jovinien.* I, 191. — (4) Diog. L. Sent. 17. — (5) Diog. L. X, 118. — (6) Diogène, L. X, 118.

curienne ; elle en fit la force. Elle est aussi une source de courage dans la vie du sage. « De tout ce que peut procurer la sagesse, pour rendre la vie heureuse, l'amitié est ce qu'il y a de plus excellent, de plus fécond, de plus doux (1). » C'est une même pensée, la même réflexion qui nous donne l'assurance que nul mal n'est éternel ni durable, et qui nous montre que, dans ce temps borné de la vie, le secours de l'amitié est le plus utile (2). Un ami, c'est donc un soutien, c'est une protection à travers les vicissitudes de la vie.

Mais cette amitié, selon les principes de l'école, repose sur l'intérêt bien entendu. C'est une terre qu'on ensemence et dont on récoltera la moisson (3). De même que les haines, les jalousies et les marques de mépris sont contraires au plaisir, de même l'amitié non seulement garantit très fidèlement, mais encore produit le plaisir autant pour nos amis que pour nous (4). Un ami est une chose agréable non seulement à cause des services qu'il nous rend, mais par cela seul qu'il nous aime. Nous pouvons donc le rechercher comme nous recherchons tout ce qui nous procure du plaisir. « L'amitié commence par le besoin ; mais elle se soutient par les jouissances de la vie en commun (5) ». De même que les vertus, l'amitié ne peut se séparer du plaisir. « Ce que nous avons dit des vertus qu'elles sont toujours liées à la jouissance, il faut le dire aussi de l'amitié (6). »

Nous aimerons donc notre ami pour notre plaisir, non pour le sien, pour nous et non pour lui. Nous l'utiliserons comme un instrument de jouissance. Cependant n'y a-t-il pas là contradiction : aimer, c'est se donner, et ici on nous dit de nous aimer nous-mêmes ? Epicure recommande au sage d'être désintéressé, mais provisoirement ; le désintéressement sera pour lui un moyen de plaisir. Sans l'amitié nous ne pouvons en aucune manière posséder un bonheur solide et durable ; mais il est impossible d'entretenir longtemps l'amitié, si nous n'aimons nos amis comme nous-mêmes. De cette façon l'amitié se lie étroitement avec le plaisir. Nous jouissons de la joie de nos amis comme de la nôtre, et semblablement nous souffrons de leurs douleurs (7). Aussi le sage devra-t-il avoir toujours pour ses amis les mêmes sentiments que pour lui-même, et toutes les peines qu'il prendrait pour se procurer à lui-même du plaisir, il les prendra pour en procurer à son ami. Dans

(1) Cic. *De Finib.*, I, 20. — (2) Diog. L. X, 148. — (3) Diog. L. X, 120. — (4) Cic. *De Finib.*, I, 20. — (5) Diog. L. X, 20. — (6) Cic. *De Finib.*, I, 20. — (7) Cic. *De Finib.*, I, 21.

l'amitié il vaut mieux faire du bien que d'en recevoir (1).

Les amis doivent être assez unis pour mettre tous leurs biens en commun, à la disposition des uns et des autres ; mais ils ne les rassemblent pas réellement, comme le recommandait Pythagore ; cette communauté forcée ressemblerait à la défiance plutôt qu'à la libre amitié (2). Ce qui n'empêche pas que l'influence de l'amitié domine la vie entière ; bien plus elle se la subordonne. « Le sage donnera sa vie, s'il le faut pour son ami (3). »

Pour qu'elle porte tous ses fruits, l'amitié doit durer, il y faut de la constance. Point de ces unions vulgaires qui ne durent pas, et que l'absence fait mourir. « Seul le sage gardera envers ses amis présents ou absents une égale bienveillance (4). »

La justice. — « La seule vertu est inséparable du plaisir, mais les autres choses (par exemple les richesses, les honneurs) s'en séparent, car elles sont mortelles... On ne peut vivre heureusement si on ne vit d'une manière prudente et sage et juste; ni vivre d'une manière prudente et sage et juste, si on ne vit heureusement (5). »

Ainsi, par la même raison qui lui fait pratiquer la tempérance, le sage respectera la justice. Mais il importe de savoir au juste ce qu'Epicure entend par là ; il emploie encore les mêmes mots que ses prédécesseurs ; il parle encore comme eux de la vertu et des grandes et belles choses, c'était une habileté de plus, mais il met sous les mots des sens nouveaux, quelquefois tout à fait différents du sens usuel.

La justice n'est aucunement un bien en soi. Le droit naturel n'est autre chose qu'un pacte d'utilité, dont l'objet est que nous ne nous lésions point réciproquement et que nous ne soyons point lésés (6). Une simple convention de ne pas se nuire les uns les autres, voilà tout le lien social et le seul fondement de l'équité. Pareillement l'injustice n'est pas, en soi et par nature, un mal véritable ; elle ne le devient que par la crainte qui l'accompagne toujours (7). C'est là un mal qui la suit nécessairement. Dès lors qu'on a violé les lois reçues par les hommes et qu'on a déchiré leurs contrats, il y a toujours lieu de redouter leur vengeance. On peut échapper, on échappe souvent au châtiment, mais la menace reste jusqu'à la fin suspendue sur la tête du coupable, il semble qu'il

---

(1) Plutarque, *op. cit.* — (2) Diog. L. X, 11. Cf. 120. — (3) Diog. L. X, 121. — (4) Diog. L. X, 118. — (5) Diog. L. X, 138, 140. — (6) Diog. L. X, 150. — (7) Diog. L. X, 151.

n'y ait point de prescription pour la punition. Aussi le juste est éloigné de toute inquiétude, tandis que l'injuste est toujours rempli par le trouble le plus grand, son âme est continuellement agitée (1).

On retrouve facilement, sur ce point comme sur tant d'autres, le caractère pratique et utilitaire de la doctrine. Les lois sont établies par les sages non afin qu'ils ne commettent pas d'injustices, mais afin qu'ils n'en subissent pas (2). La justice n'existe que dans des contrats mutuels, et ne se fonde que là où il y a engagement réciproque de ne pas léser et de ne pas être lésé. Aussi en bonne logique, à l'égard des êtres qui ne peuvent faire de contrats dans le but de ne pas se léser mutuellement et de ne pas être lésés, il n'y a rien ni de juste ni d'injuste (3).

Bien plus, ce sera l'utilité immédiate qui servira de critérium au juste. « Ce qui parmi les choses estimées justes est reconnu utile aux besoins de la société mutuelle, a la nature du juste, soit d'ailleurs qu'il se trouve être le même pour tous ou qu'il ne le soit pas. Bien plus, si quelque chose est rétablie par la loi, mais qu'il n'en résulte pas d'avantage pour la société, cette chose n'a plus la nature du juste (4). L'intérêt, voilà donc bien la conscience du système.

Si tels sont les rapports des hommes entre eux, que doit penser l'épicurisme de l'esclavage ? Les épicuriens acceptent l'esclavage, et se montrent indulgents envers les esclaves. Epicure les admet à philosopher ; il recommande de ne pas les battre, de leur pardonner s'ils font mal. « L'esclave est un ami d'une condition moindre (5). » Ils sont les égaux des autres hommes, car ils peuvent aussi bien goûter le plaisir (6). L'esclave est donc l'égal de l'homme libre. L'affirmation est belle, la théorie louable ; malheureusement tout en proclamant l'égalité des hommes, l'épicurisme ne change pas les mœurs ; l'épicurien pas plus d'ailleurs que le stoïcien ne fera un mouvement pour faire entrer cette égalité dans les faits sociaux : pas de secours plus efficace, pas de transformation plus réelle et plus positive que de belles paroles, c'est fort peu, il faut l'avouer.

III. — Les obstacles au bonheur.

Si le plaisir est le souverain bien, la douleur est le souverain mal. Comme ils se plaisent dans la jouissance, les êtres

(1) *Ib.*, 144. — (2) Stob. *Serm.*, XLIII. — (3) Diog. L. X, 150. — (4) Diog. L. X, 152. — (5) Sénèque. Ep. 47, 10, 7. — (6) Diog. L. II, 8.

se révoltent contre la peine (1). C'est que la souffrance se présente comme « le mal unique, *solum hoc malum*, comme le plus grand de tous les maux, *malorum omnium extremum* (2). Par suite, la fin de l'homme est, on le sait, de ne pas souffrir dans son corps et de ne pas être troublé dans son âme. Il fera tout dans le but d'échapper à la souffrance et d'éviter le trouble et l'agitation de l'esprit (3).

Nous avons vu comment la considération de la douleur amène Epicure à introduire le principe de l'utilité dans son système. Le plaisir pouvant être cause de souffrance, il importe pour assurer le bonheur de la vie, de prévoir les conséquences, de calculer sa vraie valeur, et dès lors de choisir ses jouissances ; c'est le seul moyen d'éviter le mal qu'est la douleur. Comment s'y prendre ?

Nous savons qu'il y a des plaisirs du corps et des plaisirs de l'âme ; par suite il peut arriver qu'entre les souvenirs conservés par l'âme et les plaisirs goûtés actuellement par le corps il y ait opposition et désaccord. D'où deux situations possibles dans la vie humaine, et deux termes que le sage doit essayer de concilier : ne pas souffrir dans son corps et ne pas être troublé dans son âme.

D'une part, il est possible que l'âme étant vigoureuse et saine, le corps soit troublé, accablé par la maladie, torturé par la souffrance (4). Dans ce cas il est bien facile au sage de fuir la douleur. D'abord il n'en doit tenir aucun compte, il sait bien qu'une douleur extrême est nécessairement courte (5). « Je méprise, dit-il, la violence de la douleur dont un court espace de temps me délivrera presque avant qu'elle soit venue (5) ». Ensuite, et c'est le vrai remède, le sage doit en quelque sorte s'abstraire de la douleur corporelle ; par le souvenir et l'anticipation il peut la supprimer, et là est son devoir. Il lui est toujours loisible de donner tant de forces à ses représentations qu'elles étouffent les sensations présentes. « Fût-il brûlé ou crucifié, fût-il dans le taureau de Phalaris, le sage dirait : « Que ceci est agréable ! que j'en suis peu affecté, » il se réfugie en son for intérieur et la contemplation des plaisirs passés est capable de supprimer la douleur présente.

D'autre part, il peut se présenter que, le corps étant en bonne santé, l'âme soit malade, c'est-à-dire soit troublée, accablée par la crainte. Le mal est plus grand, le remède est

---

(1) Diog. L. X, 129, 137. — (2) Cic. Q. *Tusc.*, II. 7. — (3) Diog. L. X, 128. — (4) Diog. L. X, 131. Cf. Plutarque, *Contra Epic. beat.*, 3. — (5) Diog. L. X, 140. — (6) Cic. Q. *Tusc.*, II, 19.

plus difficile, il importe d'y insister. Les souffrances de l'âme sont plus à craindre, parce que, à l'encontre des douleurs du corps qui finissent avec le mauvais état des organes, ces souffrances de l'âme peuvent par la mémoire et l'imagination, non seulement atteindre le présent, mais encore assombrir le passé et empoisonner l'avenir. Aussi est-ce de celles-là qu'il faut surtout se délivrer ; de ces craintes qui pèsent sur l'âme, deux surtout sont à envisager : la crainte des dieux et la crainte de la mort.

A. — L'ÉPICURISME ET LA MORT.

« Il faut chasser cette terreur vaine de l'Achéron qui trouble la vie humaine jusque dans son fond, qui répand sur tous les objets la teinte livide de la mort, et ne nous laisse la jouissance libre et pure d'aucun plaisir (1). »

La crainte de la mort, la croyance à l'immortalité, voilà en effet un redoutable obstacle au bonheur, et ce que les épicuriens essaient de faire pénétrer dans les esprits, c'est la conviction qu'une des sources de la misère humaine est la peur de l'au-delà. Si l'on détruisait cet inconnu, on affranchirait l'homme, on le rétablirait dans les conditions normales du bonheur dont le dépossède la crainte des chimères. Voilà pour quelles raisons le problème de la mort se pose à Epicure, c'est en tant qu'il est un obstacle à la félicité que l'au-delà devient l'objet des considérations des épicuriens.

Quels adversaires rencontraient-ils ? quels sont leurs arguments et quelle en est la valeur ? enfin quel succès leur théorie a-t-elle obtenu dans la société grecque et dans le monde romain ? Autant de questions dont nous allons dire un mot.

Les épicuriens se trouvaient en face de deux conceptions sur la mort, celle des religions nationales d'Athènes et de Rome qui opprimaient les consciences populaires, et une autre conception, plus imprécise, plus vague, l'instinct de l'immortalité ; en d'autres termes, il y avait les données de la fable et les aspirations naturelles du cœur humain. En fait, Epicure attaquait surtout le dogme de la vie future tel que le présentaient les prêtres et les poètes de l'antiquité, mais comme son triomphe ne pouvait être complet que s'il ruinait les deux conceptions, il se trouva forcé d'aborder de front les deux aspects de la question.

Sur le premier point la victoire fut assez facile, au temps

---

(1) Lucrèce. *De natura deorum*, III, 37 sq.

d'Epicure comme au temps de Lucrèce, les épicuriens furent grandement aidés par l'état de l'opinion et les doctrines sceptiques. Dans l'antiquité le surnaturel était la région du caprice, de l'envie, des passions ; l'immortalité ne se présentait pas comme un lieu de justice. Au contraire, la vie future, surtout pour les imaginations populaires, c'était la vengeance des dieux, s'exerçant dans le Tartare ; les poètes ne se lassaient pas de décrire les célèbres supplices qu'une divinité malfaisante infligeait aux ombres des hommes. Une vague terreur planait sur tous les esprits et semait dans les âmes la douleur avec l'inquiétude.

La réaction contre ces chimères était déjà commencée quand Epicure entra en lice ; il ne fit que précipiter la ruine. En combattant la crainte du Tartare, les épicuriens se faisaient l'écho de toute une foule d'esprits libres et cultivés auxquels répugnaient ces peintures d'une immortalité grotesque ou sinistre. Nombreux et curieux sont les faits et les témoignages qui nous font connaître cet état d'esprit. Cicéron ne perd pas une occasion de tourner ces fables en ridicule ; il se moque souvent des Epicuriens et de la peine qu'ils se sont donnée pour combattre ces contes de vieille femme. « J'admire, dit-il l'effronterie de certains philosophes qui s'applaudissent d'avoir étudié la nature, et qui, transportés de reconnaissance pour leur chef, le vénèrent comme un dieu. A les entendre, il les a délivrés des plus insupportables tyrans, d'une erreur sans fin, d'une frayeur sans relâche qui les poursuivait et la nuit et le jour. De quelle erreur, de quelle frayeur ? où est la vieille assez imbécile pour craindre ces gouffres du Tartare ? (1) » Point d'enfer, point d'Achéron : s'écrie Epictète. Horace ne craint pas d'appeler les mânes « une pure fable » et Plutarque avoue que ce sont là contes faits à plaisir, que les mères et les nourrices donnent à entendre aux petits enfants. D'après ces témoignages, il semble bien que la première partie de la tâche que s'imposaient les épicuriens était assurée du succès. Aussi voyons-nous que Lucrèce se contente de traiter avec ironie et mépris les fables sur les enfers et le Tartare. « Toutes les horreurs qu'on raconte des enfers, c'est dans la vie présente qu'elles existent pour nous. Tantale n'est pas là-bas glacé d'effroi sous la menace d'un grand rocher suspendu sur lui, mais ici la crainte vaine des dieux pèse sur les mortels. Il n'est pas vrai

---

(1) *Tuscul.*, I, 21.

que Tityé, couché sur le bord de l'Achéron, soit la proie des oiseaux funèbres ; mais il y a en chacun de nous un Tityé gisant dans les liens de l'amour et livrant son cœur en pâture à ces oiseaux lugubres, les soucis dévorants et les passions que rien ne rassasie... Ce cerbère, ces Furies, ce Tartare ténébreux vomissant d'horribles flammes, ils n'existent pas. Mais dans cette vie, d'effroyables visions sont attachées aux effroyables forfaits, des châtiments de toute sorte tombent sur le coupable, et si le bourreau manque, la conscience prend sa place... Et voilà comment la vie présente devient l'enfer de l'insensé, *Hinc Acherusia fit stultorum denique vita.* »

Cette victoire obtenue sur la fable, tout n'était pas fini ; il restait, pour que le triomphe fût complet, à extraire jusqu'à la racine l'instinct même de l'immortalité. Les épicuriens le sentaient bien, échouer sur ce point, c'était tout remettre en question. Nous ne reprendrons pas toute l'argumentation de l'école, certains épicuriens énuméraient jusqu'à trente preuves de la mortalité de l'âme. Qu'il nous suffise de rappeler la thèse fondamentale, celle qui se retrouve dans toutes les autres : c'est le corps qui sent ; donc quand il est détruit, le sentiment périt avec lui, l'insensibilité absolue est le caractère certain de la mort ; pourquoi la craindre ?

La première thèse, la première affirmation de l'école épicurienne, c'est que le corps et l'âme sentent ensemble. Ni le corps sans l'âme ne peut sentir, ni l'âme sans le corps : le composé que forment l'âme et le corps est capable de sentir, c'est l'âme qui rend le corps capable d'éprouver des sensations, mais sans le corps l'âme elle-même serait absolument incapable de sentir. Ces deux principes s'aident donc mutuellement et ils sont nécessaires l'un à l'autre. Le corps et l'âme ne doivent qu'à leur union leur existence et leur conservation. L'âme séparée du corps est incapable de produire toute seule les mouvements de la vie ; et le corps, privé de son âme ne peut ni subsister ni user de ses organes. L'âme étant une partie du corps, y occupant une place déterminée, comme les oreilles et les autres sens gouvernent nos actions, l'âme ne peut vivre non plus sans le corps qui en est le vaisseau et même quelque chose de plus intime, puisqu'il ne forme qu'une seule substance avec elle (1) »

S'il est vrai, et on prétend l'avoir démontré, que l'âme et

---

(1) Lucrèce, III, 547. sqq.

le corps une fois séparés ne sentent plus, pourquoi conserver cette crainte chimérique d'un au-delà qui est impossible ? Par la mort, notre âme comme notre corps se décompose, les atomes qui la constituaient rentrent dans l'universel tourbillon ; s'ils réussissent à reconstituer un tout harmonisé, ce tout nouveau pourra sentir, mais ce ne sera plus nous ; notre personnalité, et par suite notre souvenir ont disparu par le fait de la décomposition. Vivre, c'est sentir ; or, par la mort l'âme et le corps sont mis dans des situations dans lesquelles il leur est impossible d'éprouver des sensations ; n'est-ce pas une absurdité de parler de survie ? « La mort n'est rien à notre égard ; car ce qui est une fois dissous est incapable de sentir, et ce qui ne sent point n'est rien pour nous. » Et ailleurs Lucrèce ajoute : « La mort n'est rien pour nous, car tout bien et tout mal réside dans le pouvoir de sentir ; mais la mort est la privation de ce pouvoir. » Il résume en une formule la pensée maîtresse du système sur ce sujet : « Lorsque nous sommes, la mort n'est pas ; lorsque la mort est, nous ne sommes plus. Elle n'est donc ni pour les vivants, ni pour les morts ; car pour ceux qui sont, elle n'est pas, et ceux pour qui elle est, ne sont plus (1). »

Le succès a-t-il répondu à l'attente d'Epicure ? Cet instinct d'immortalité, ce désir de l'au-delà qui se trouve au cœur de l'homme a-t-il été réellement détruit par les dogmes épicuriens ? Certes, nous l'avons déjà noté, l'influence de l'épicurisme fut grande, grande aussi la renommée de sa doctrine ; on osa prétendre, et cela à plusieurs reprises, que l'immortalité était un leurre ; César put dire en plein sénat, sans être contredit, que la mort était la fin de toutes choses et qu'après elle il n'y avait plus de place ni pour la tristesse, ni pour la joie. Pline l'Ancien déclara que la croyance à la vie future n'était qu'une folie puérile ou une insolente vanité. Mais ce sont là des exceptions. En fait, malgré la lutte continuelle de l'épicurisme, la croyance à la vie future eut toujours droit de cité dans les esprits : les ouvrages de Cicéron, de Virgile ou de Plutarque nous en donnent la preuve ; et les inscriptions funéraires qui traduisent les opinions populaires sur la mort et la vie future, apportent sur ce point d'éclatants témoignages.

« Les croyants, nous dit M. Boissier, sont plus nombreux que les sceptiques. Le plus souvent ces inscriptions affirment ou supposent la persistance de la vie... Ce qui domine, ce sont encore les anciennes opinions. La foule semble revenir avec

---

(1) Lucrèce, *passim*.

une invincible opiniâtreté à la vieille manière de se figurer l'état après la mort ; elle est toujours tentée de croire que l'âme et le corps sont enchaînés dans la même sépulture ; elle soupçonne que le mort n'a pas perdu tout sentiment dans cette tombe où il est enfermé... Quelques inscriptions expriment de diverses manières la pensée qu'une fois le corps rendu à la terre, l'âme remonte vers sa source (1). » La plus curieuse réfutation du paradoxe stoïcien sur ce sujet est le petit et curieux traité de Plutarque : *Qu'on ne peut vivre agréablement en suivant la doctrine d'Epicure*. Là se trouvent rassemblées toutes les objections contre la théorie épicurienne en même temps que l'insuccès de la doctrine y est clairement démontré.

C'est qu'en effet, malgré son appareil d'arguments et de raisonnements, l'épicurisme n'atteint pas son but, il laisse au cœur de l'homme l'inquiétude qu'il voulait en chasser, il ne fait qu'en changer la cause. L'homme autrefois craignait la mort et il en était malheureux ; aujourd'hui l'homme sait que la mort en elle-même n'est pas à redouter, mais il sait qu'après la mort, il ne sera plus, c'est là sa suprême douleur. Il sent bien qu'il est doux de vivre, il sent bien que de tous ces instincts, le plus ancien, le plus tenace, le plus vif, c'est le désir de l'être, l'ambition d'être le plus et le mieux possible. Or, par votre théorie, Epicuriens, vous lui enlevez cette espérance de l'être qui fait sa vie. D'où la crainte pour l'âme de ne plus être ; ce n'est ni Cerbère, ni le Cocyte qui rendent infinie la crainte de la mort, c'est la menace du néant, et c'est ce que laisse après elle la théorie d'Epicure.

B. — L'ÉPICURISME ET LA SUPERSTITION.

Epicure avait pour mère une magicienne ; tout jeune encore il l'accompagnait et récitait avec elle les formules lustrales. Il a donc pu voir de près la superstition et la fâcheuse influence qu'elle exerce sur l'âme des hommes.

C'est qu'en effet dans les religions antiques la crainte des dieux était plus terrible qu'on ne le croit d'ordinaire. « Pour comprendre ce qu'il y avait de légitime dans l'entreprise d'Epicure renouvelée par Lucrèce, il faut se rappeler combien la superstition antique était accablante et ce qu'elle inspirait de viles terreurs. A la distance où nous nous trouvons placés, nous modernes, dans cet éloignement favorable à la poésie,

---

(1) Boissier. *La religion romaine*, I, 312, sqq.

nous ne jugeons plus assez sévèrement la mythologie, accoutumés que nous sommes à la considérer de loin comme un charmant décor d'opéra composé tout exprès pour le plaisir des yeux et de l'esprit. Mais que notre imagination se replace dans l'antiquité, qu'on veuille se représenter un moment la peur confuse et éperdue de la dévotion païenne entourée et comme harcelée par des dieux innombrables (1), envieux, vindicatifs et cruels, par des dieux, non seulement sans justice, sans miséricorde, mais sans loyauté, prenant plaisir à tourmenter l'homme, à l'abuser, à déconcerter sa prudence et sa piété par des fantaisies bizarres et même par de formidables espiègleries. L'homme ne peut faire un pas sans risquer de mettre le pied sur un piège divin. Pour lui toutes choses sont à craindre, la terre, la mer, l'air, le ciel, les ténèbres, la lumière, le bruit, le silence ; il ne peut ni parler, ni penser, ni même éternuer sans s'exposer à une céleste vengeance, s'il cherche du moins un refuge dans l'innocence du sommeil (2), des dieux acharnés ou cruellement badins se hâtent de lui envoyer des songes pénibles, et qui, pis est, des songes trompeurs. Il se lève pour les fléchir ; mais la prière elle-même peut avoir ses manquements fortuits et renferme des embûches. Il court au temple pour offrir un sacrifice, mais il pâlit dans sa couronne de fleurs, il met l'encens sur le feu, mais d'une main tremblante, et selon le mot du religieux Plutarque, il entre dans le sanctuaire comme si c'était une caverne d'ours ou le trou d'un dragon (3). »

Telles sont les angoisses de la piété païenne. Les âmes sont « oppressées par la religion (4) », et non seulement les individus, mais encore les armées, les cités, les peuples sont liés par « les nœuds étroits d'une religion (5) » d'après laquelle tout dans la nature est arbitraire, où ces phénomènes sont soumis aux caprices des dieux, la foudre, les éclipses, les mouvements célestes, les plus simples choses, le vol d'un oiseau, le ruisseau qui coule, *adeo minimis etiam rebus prava religio inseruit deos* (6). « Si la grêle a ravagé les oliviers des Athéniens, c'est qu'un Dieu, ce jour-là, a voulu faire plaisir aux Spartiates. Si le monde semble tout à coup péricliter,

---

(1) Cf. Hésiode. *Œuvres et jours*, 252 et *Maximes de Tyr. Dissert.* I. — (2) Cf. Cic. *De divinat*, II., 72. « Le sommeil même qui devrait faire oublier toutes les peines vous prépare de nouvelles terreurs, » et Plaute dans le *Rudens* (501) Démonès furieux s'écrie : « Que les dieux se jouent étrangement des humains... Ils ne nous laissent pas de repos, même quand nous dormons. » — (3) C. Martha : *Le poème de Lucrèce*, 70, 71. — (4) Plutarque. *De la superstition. Sub fin.* — (5) Cic. *De Finib.*, I, 60. — (6) Plutarque, *ib.*, 4.

s'il y a du trouble dans la nature et les affaires humaines, c'est que le roi de l'Olympe est allé dîner pendant 12 jours chez les Ethiopiens, et tout va de travers parce que la Providence est en voyage. Si le matin, le jour tarde à paraître, c'est que, selon la réflexion de l'impatient Sosie, le blond Phébus a de la peine à se lever pour avoir bu la veille plus que de coutume (1). » Par ces quelques exemples on peut juger à quelles aberrations naïves, à quelles duperies méditées devait dès lors donner lieu l'art de prévoir, de conjurer, d'esquiver la volonté si peu immuable des dieux uniquement occupés à tout brouiller dans la nature ; à quels renversements de la raison et de la conscience, à quelles frayeurs insensées.

Il faut relire dans Plutarque son traité *De la superstition*, et l'on comprendra qu'avec cette « servile abjection, cet ulcère de la conscience, cette fièvre et ce feu qui dévore l'âme », personne, absolument personne ne pouvait vivre tranquille.

De ces peuples écrasés par la divinité, de ces nations broyées par ces superstitieuses terreurs, Epicure est le « libérateur ». Aux yeux de Lucrèce, c'est là son titre de gloire, et nous avons vu que le poète latin n'est, sur ce point, que l'écho d'une nombreuse lignée. Même ses adversaires conviennent de son mérite. « Si quelqu'un, dit Plutarque, pense que les atomes et le vide soient les principes de l'univers, c'est une fausse opinion qu'il a, mais elle ne luy engendre pas d'ulcère, elle ne lui donne pas de fiebvre, n'y lui cause point de douleur (2). »

Et Cicéron s'exprime presque dans les mêmes termes que Lucrèce : « La superstition, il faut l'avouer, a enchaîné presque tous les esprits chez tous les peuples et subjugué la faiblesse des hommes... Qui parviendrait à détruire leur crédulité rendrait un grand service à ses concitoyens et à lui-même. »

Epicure a tenté de rendre ce service à ses disciples. Comment s'y est-il pris ? Il cherche d'abord la source et l'origine de la superstition. Les hommes redoutent les dieux, pourquoi sinon parce qu'ils ont l'intime conviction que les dieux interviennent dans les affaires du monde. La divinité gouverne l'univers, rien ne se produit sans son assentiment et tout arrive par son ordre. Donc ces calamités publiques, ces fléaux nationaux qui déciment un peuple, comme les menus accidents de la vie individuelle, tout cela a été voulu des dieux. Ils sont donc des puissances à craindre, des puissances à redou-

---

(1) *Martha, ib.*, 73. — (2) Plutarque. *De la superstition*. Trad. Amyot.

ter ; il faut prendre soin de ne pas les indisposer contre nous, et au contraire faire tous nos efforts pour leur offrir ce qu'ils désirent : d'où les pratiques avilissantes d'une religion poussée jusqu'à la superstition ; de là aussi les terreurs et les frayeurs qui s'emparent des âmes ainsi accablées par l'idée de dieux à contenter, de tyrans à apaiser.

Comment délivrer ces âmes ? Il n'y a qu'un moyen c'est d'arracher du cœur des hommes cette croyance à la divinité et à la providence. Montrons aux mortels que les dieux n'ont pas souci du monde, qu'ils ne s'occupent en aucune façon des affaires de l'univers, expliquons l'origine des choses sans recourir à la divinité ; bâtissons un système de la nature d'où le divin sera chassé ; nous aurons, par le fait, établi l'inutilité des dieux, et nous aurons délivré l'esprit humain des frayeurs qui le poursuivaient. Et pour atteindre ce but, Epicure adopte et modifie la théorie physique de Démocrite, l'atomisme. Nous verrons plus loin en détail cette partie de la philosophie épicurienne. Qu'il nous suffise de dire ici qu'avec cette cosmologie, les dieux sont absolument sans action dans le monde. Les éléments qui constituent la matière de l'univers, se suffisent à eux-mêmes pour s'unir, s'ordonner et former le cosmos. Ils n'ont pas même besoin de la chiquenaude primitive, et ne dépendent d'aucun démiurge. Dans ces conditions pourquoi s'agiter, pourquoi se troubler ? pas de puissance supérieure à redouter ; pas de divinité à blesser et à craindre. La superstition doit être à jamais bannie de la terre, elle n'a pas raison d'être, la science la rend ridicule et absurde, et engendre la pleine liberté de l'esprit — pas de cause première ni de cause finale dans un système où le hasard explique tout.

Pas plus que la cosmologie, la morale épicurienne n'admet l'intervention des dieux ; elle ne dépend en aucune façon de l'idée religieuse, cela ressort de l'exposé qui en a été fait sans mention de la divinité.

Admettre d'ailleurs cette action d'une puissance extérieure et transcendante, c'est se jeter dans une flagrante contradiction, ou dans une insoluble antinomie. En effet on ne peut douter que le mal existe dans le monde ; l'homme que l'on proclame l'être le plus parfait de la création est souvent accablé de misères. Certes, si le monde était divin, il serait meilleur. Dans ces conditions, dit Epicure « ou bien Dieu veut supprimer le mal et ne le peut pas ; ou il le peut et il ne le veut pas ; ou il ne le veut ni ne le peut, ou enfin il le veut et il le peut. S'il le veut et qu'il ne le puisse pas, il est impuissant, ce qui ne convient pas à Dieu ; s'il le peut et ne le veut pas, il est envieux, ce qui ne peut davantage convenir à Dieu ; s'il ne le veut ni ne le peut, il est à la fois envieux et impuissant, donc il n'est pas Dieu ; s'il le veut et le peut, ce qui seul convient à Dieu, alors d'où vient le mal ? ou pourquoi Dieu ne le supprime-t-il pas (1) ? »

Donc il est inutile de faire intervenir des dieux dans les affaires des hommes, à quoi bon compliquer les questions sans nécessité ? Le monde va bien sans cela.

Il ne faudrait pourtant pas nier complètement l'existence des dieux : ce serait aller contre une croyance universellement établie et dont on doit tenir compte. Aussi Epicure, tout en rejetant les dieux comme nécessaires au monde n'est-il pas un athée. Malgré sa théorie physique, il admet des dieux. Faut-il voir dans cette manière d'agir une mesure de prudence ? Sans doute le temps n'est plus aux persécutions religieuses comme à l'époque de Socrate ; cependant n'y a-t-il pas un peu de politique et de diplomatie chez ce philosophe qui d'un côté rejette les dieux et de l'autre les honore de ses hommages et de sa piété ; il semble qu'Epicure dirait volontiers comme le personnage de Cicéron : « Il est difficile de nier qu'il y ait des dieux, j'en conviens si la question s'agite en public (2). » « Il me semble, dit ailleurs (3) Cicéron, que votre Epicure ne combat que faiblement au sujet des dieux ; seulement pour n'avoir point de mécontentement ou d'accusation à craindre, il se garde de nier leur existence. Mais puisqu'il soutient que les dieux ne font rien et ne se soucient de rien ; qu'ils ont des membres mais qu'ils n'en font aucun usage, il me semble se jouer de nous et s'imaginer nous avoir satisfaits, après s'être prononcé pour quelque être heureux et éternel (4). » Mais peut-être que pour Epicure ces dieux sont de simples idéaux ? On l'a prétendu, et l'historien du matérialisme Lange s'est fait le tenant de cette opinion. « Il est indubitable, dit-il, qu'en réalité Epicure honorait la croyance aux dieux comme un *élément de l'idéal humain*, mais qu'il ne voyait pas dans les dieux eux-mêmes des êtres extérieurs. Le système d'Epicure resterait pour nous enveloppé de contradictions, si on ne l'envisageait au point de vue de ce respect subjectif pour les dieux qui met notre âme dans un accord harmonique avec elle-même (5). »

(1) Lucrèce, v. 196. — (2) Lactance cité par Guyau. Cf. *op. cit.*, 173. — (3) Cic. *De Finib.*, I., 19. — (4) Cic. *De nat. deor.*, III, 1. — (5) Lange. *Histoire du matérialisme*, I, 93.

L'opinion est tentante pour ceux qui veulent absoudre Epicure de contradiction ; malheureusement elle ne s'appuie sur aucun texte. Au contraire, à y regarder de plus près, on constate qu'Epicure attribue un corps aux dieux, composé des atomes les plus subtiles, ce qui rend ces corps des divinités invisibles à nos yeux (1) ; ils vivent au sein du vide, dans ce que Cicéron appelle les intermondes (2), c'est-à-dire dans les intervalles qui séparent les mondes ; ils sont en nombre infini (3), et possèdent la forme humaine puisque c'est la plus parfaite des formes (4). Les épicuriens vont plus loin, ils affirment que les dieux se nourrissent d'une très réelle nourriture (5). Nous sommes loin du pur idéal !

A ces dieux, Epicure accordait son adoration ; beaucoup de témoignages antiques nous le montrent comme un personnage très pieux ; il recommandait la piété sincère. Encore ici, comment mettre d'accord Epicure avec lui-même ? N'y a-t-il pas ici aussi antagonisme entre la spéculation et l'action ? Cicéron l'avait remarqué et il note avec précision la situation d'Epicure devant la divinité. « Quant à Epicure, il a arraché la religion de l'âme humaine avec la racine même, en ôtant aux dieux la puissance et la volonté de nous assister. Il a beau dire qu'ils ont toutes les perfections ; en leur ôtant la bienveillance pour nous, il leur ôte précisément ce qui convient le plus essentiellement à un être bon et parfait (6). »

CHAPITRE IV

La canonique et la physique épicuriennes.

Nous savons déjà comment Epicure fut amené à conserver la division traditionnelle de la philosophie. Il est avant tout philosophe moraliste ; il veut enseigner aux hommes le moyen de parvenir à la vie heureuse (7). Et cependant, c'est par un développement logique de son système qu'il est conduit, malgré ses préoccupations uniquement pratiques, à pénétrer dans le domaine de la pure spéculation et à construire une logique et une canonique appropriées à sa doctrine.

Voici comment : le souverain bien pour l'humanité c'est le

---

(1) Cic. *De natur. deor.*, I, 17. — (2) *De Finib.*, II, 23. — (3) *De natur. deor.*, I. 19. — (4) Stobée. *Ecl. phy.*, I, 66. — (5) Philodème. Volum. hercul. col., 12. — (6) Cic. *De Finib.*, I, 45. — (7) Diog. L. X, 29. Cf. 30, 31.

plaisir, mais le vrai plaisir, le plaisir « constitutif », celui qu'engendre l'absence de peine et de trouble ; le vrai bonheur, c'est l'absence de la douleur. Ne pas souffrir dans son corps, ne pas être troublé dans son âme, voilà les deux conditions de la félicité ! Malheureusement, une double crainte, la peur de la mort et la peur des dieux, jette dans l'âme du sage la frayeur et l'inquiétude : la redoutable frayeur qu'inspirent les enfers et les cieux, arrache à l'homme le plaisir suprême, le calme et l'ataraxie. Pour achever son œuvre, Epicure doit donc briser les obstacles qui barrent la route vers le bonheur ; il doit dissiper le mystère qui enveloppe les phénomènes célestes (1), détruire la croyance à l'intervention des dieux dans les affaires du monde, et à l'immortalité de l'âme (2). Pour cela il faut construire une physique, et le moyen d'arriver à la vérité dans les choses de la nature sans une théorie de la connaissance, sans une logique ?

On voit dès lors combien ces deux parties dont nous allons parler, sont secondaires dans le système ; elles jouent purement et simplement le rôle de moyens. En les élaborant, Epicure ne s'est pas donné comme but de présenter une explication complète des choses, et de construire une cosmogonie ; il n'a d'autre pensée que de rendre possible l'Ethique, sa seule ambition et sa seule originalité. On peut juger par là si nous avons raison de ramener au second plan ces sections de la philosophie épicurienne ; nous restons fidèle, sinon à la lettre, du moins à l'esprit de l'épicurisme et de son fondateur. « Si tout ce que nous regardons dans les cieux comme des miracles, disait-il lui-même, ne nous épouvantait point, si nous pouvions assez réfléchir pour ne point craindre la mort, parce qu'elle ne nous concerne point, si enfin nos connaissances allaient jusqu'à savoir quelle est la véritable fin des maux et des biens, *l'étude et la spéculation de la physique nous seraient inutiles* (3). »

I. — La canonique épicurienne.

Pour enlever aux dieux leur action sur le monde et détruire par là toute crainte superstitieuse de la divinité, il faut une physique matérialiste, et comment construire un monisme matériel sans une logique sensualiste (4) ? C'est là le lien qui rattache étroitement la canonique et la morale épicurienne ;

---

(1) Diog. Laer. *Lettre à Ménécée*, x. — (2) *Ib. Lettre à Pythoclès*. — (3) Diog. L. X. *Maximes*, 11. — (4) Diog. L. X. 30. Cic. *De Finib.*, 1. 19.

c'est ainsi qu'elle est faite uniquement en vue de l'éthique. Cicéron l'indique parfaitement dans le *De Finibus*. « Destinée à former, à diriger le raisonnement, la logique est la seconde des sciences philosophiques. Ici votre Épicure est entièrement dénué de ce qui peut être utile. Il supprime les définitions ; distinguer, diviser, conclure, réfuter un argument captieux, répandre la lumière sur un raisonnement ambigu, il n'enseigne rien de tout cela. Il donne aux sens le droit de tout juger ; et il pense que, dès qu'ils ont pris l'erreur pour la vérité, il devient impossible de prononcer avec certitude sur rien (1). »

En d'autres termes Epicure fait de la logique en amateur, pourrait-on dire ; des questions ordinairement traitées dans ce chapitre, il laisse de côté le plus grand nombre, et celles qu'il traite, il ne les développe guère. Certains (2) pensent qu'il le fit à dessein et pour des motifs qui l'honorent grandement. Trop souvent les philosophes grecs avaient cherché à briller par des thèses paradoxales ; à montrer leur esprit dans les subtilités de la dialectique ; Epicure rejette tout cela comme inutile et nuisible, il n'a aucun recours à une terminologie savante, il se sert de la langue usuelle, c'est le seul moyen d'être pratique et d'exercer une action féconde. D'ailleurs il n'a d'autre but que de montrer la possibilité de la science, il n'a donc que faire des subtilités.

Les sources de la connaissance. — Les moyens dont l'homme dispose pour arriver au vrai, les sources de nos connaissances sont de trois sortes : les sensations, les notions antécédentes ou anticipations et les affections (3). Voyons ce qu'Epicure entend par ces mots et quel caractère il attribue à ces trois sources de connaissances.

1° *Les sensations.* — La sensation est la première, on pourrait dire la seule, puisque « l'idée universelle n'est que le souvenir de plusieurs sensations semblables (4) ». Epicure reprend la théorie des idées-images de Démocrite, il croit que la naissance des images dans l'esprit provient d'un rayonnement continuel de fines molécules qui partent de la surface des corps (5). Peu importe d'ailleurs comment les choses se

---

(1) Cic., *De Finib.*, I, 7. — (2) Lange, *Hist. du matérialisme*, I, 99. — (3) Diog. L. X, 33. — (4) Diog. L. X, 59. — (5) « Il y a, dit Epicure, des formes qui par les dimensions, ressemblent aux solides, mais qui les laissent bien loin par la ténuité. Ces sortes de formes, nous les appelons images. Il s'opère de la surface des corps une continuelle émission qui n'est point aperceptible aux sens. Nous voyons donc, par le moyen de ces images qui viennent des objets à nous, avec couleurs et figures semblables, et qui pénètrent dans les yeux ou dans l'esprit par un mouvement rapide ». Diog. Laer., X.

passent, c'est surtout le principe purement épicurien de la certitude immédiate de la sensation qui doit nous arrêter.

L'impression sensible est le signe caractéristique de toute vérité et de toute fausseté ; chaque sensation est vraie. Il est facile d'établir la véracité des sens. 1° En effet, dans le phénomène de la sensation, le sens est passif, il ne fait que recevoir l'impression extérieure « il ne ment point, et ne peut par conséquent rien ajouter au mouvement qu'il reçoit ni en rien diminuer (1) ». Si j'ai une sensation de vert, c'est que mon œil a reçu une idée-image de vert. 2° « Les sens ne renferment point de raison, ils ne conservent aucun souvenir des choses (2), » par conséquent l'acte de sentir est immédiat, irréfléchi ; rien ne vient s'ajouter à la perception même ; le sens pris au moment de l'acte lui-même n'est rien de plus que l'organe, et un organe qui par suite de sa passivité ne peut rien donner à la sensation : elle est donc tout ce qu'elle nous apparaît. 3° D'ailleurs comment convaincre une sensation de fausseté ? La chose est absolument impossible : « une sensation homogène ne peut en rectifier une autre de même espèce parce qu'elles ont une force égale ; une sensation hétérogène ne peut davantage en rectifier une autre parce que les objets dont elles jugent ne sont pas les mêmes. Les sensations sont donc impuissantes à se contrôler les unes les autres. Mais la raison ne pouvait-elle pas assumer ce rôle de vérificateur ? Pas davantage ; la raison (et par là Epicure entend la raison discursive, le raisonnement) ne peut apporter aucune aide dans cette question ; le problème n'est pas de son ressort ; bien plus, comme elle n'existe que par les sens, comme elle dépend d'eux, le contrôle, si contrôle il doit y avoir, ne peut venir que des sens et porter sur les données du raisonnement. Ainsi la réalité des sensations établit la certitude des sens. Il est aussi certain que nous voyons et que nous entendons, qu'il est certain que nous sentons de la douleur.

On prévoit la conséquence qui sera tirée de ces principes : c'est dans les impressions sensibles que toutes les perceptions de l'intelligence trouvent leur origine ; si le rapport des sens est fidèle, la vraie connaissance des choses est possible, l'homme peut arriver à s'expliquer les phénomènes de la nature (3). Par suite si vous rejetez tous les sens, vous n'aurez aucun moyen de discerner la vérité d'avec le mensonge. Si vous en rejetez quelqu'un et que vous ne distinguiez pas entre

---

(1) Diog. L. X. Lettre à Hérodote. — (2) *Ibid.* C'est de cette lettre que sont tirées les différentes idées de ce paragraphe. — (3) Cic. *De Finib.*, i, 19.

ce que vous croyez avec quelque doute et ce qui est effectivement selon les sens, vous n'aurez pas davantage de criterium de vérité et vous ne pourrez plus vous fier aux autres sens (1).

2° *Les anticipations*. — La seconde source de connaissance, le second criterium de la vérité, c'est *l'anticipation*. A première vue on serait tenté de croire qu'il s'agit ici de la raison proprement dite, de la faculté de l'universel et des principes nécessaires, l'anticipation a tout l'air d'une idée générale. En fait elle en tient simplement lieu ; son origine n'est pas rationnelle mais sensible. Les anticipations ne sont autre chose que des idées sensibles rappelées en l'absence de leur objet, ce sont des souvenirs relatifs à quelque chose de matériel, en d'autres termes essentiellement, dans son fond intime, l'anticipation est la mémoire d'une chose extérieure qui s'est souvent présentée à nos sens. Nous ne saurions rechercher une chose sans nous être formé auparavant l'idée de l'objet qui fait le sujet de notre recherche. Par exemple, pour juger si une chose qu'on voit de loin est un cheval ou un bœuf, il faut avoir premièrement l'idée de ces deux animaux, et nous ne pourrions nommer aucune chose, sans en avoir auparavant acquis l'idée par les notions antécédentes ou anticipations (2). Cicéron se trompe donc quand il prétend faire de ces anticipations, des prénotions, de véritables idées innées, les définissant des représentations mentales des objets, antérieures à toute expérience sensible (3). Admettre cette interprétation ce serait aller contre l'esprit du système et contre les affirmations précises d'Épicure. En plusieurs endroits, ce dernier affirme que toutes nos idées viennent des sens, c'est bien dire qu'il n'y a pas dans l'esprit de notions préconçues. Puis la seule faculté à laquelle on pourrait rattacher cette idée innée, la raison, n'est-elle pas elle-même sous la dépendance des sens ?

Ce second criterium de la vérité participe de la vérité du premier : les anticipations sont aussi vraies pour Epicure que les sensations mêmes, car elles ne sont que l'écho des sensations en nous. L'erreur ne se rencontre que dans l'opinion et la supposition, ces jugements que nous portons sur nos anticipations demandent à être confirmés par nos sensations. Une opinion qui est confirmée est vraie, elle est fausse au contraire si elle est réfutée ou non confirmée. C'est à ce genre de jugements qu'il faut rapporter les illusions des sens. Une

---

(1) Diog. L. X, *Maximes*, 25, 26. — Cf. Cic. *Acad.*, 1, 2, 25. — (2) Diog. L. X, lettre à Hérodote. — (3) Cic. *De nat. deor.*, I, 17.

tour de loin nous paraît ronde ; dans l'anticipation le mot « tour » est accompagnée de l'idée de rondeur mais si nous approchons davantage, notre anticipation et par le fait notre première sensation se trouvent contrôlées et redressées (1).

Il est facile de comprendre maintenant le processus de la connaissance. C'est par les sens que nous entrons en rapport avec la réalité ; de la sensation viennent toutes nos idées. L'erreur ne peut se rencontrer dans les sensations pures : « *Epicurus omnes sensus veri nuntios esse dixit* (2) ». Avec ces données fournies par les impressions sensibles on forme par le souvenir l'idée générale ou du moins son substitut, l'anticipation : plusieurs sensations semblables par leur répétition produisent comme une empreinte, condition de la prévision et de la science, car ces résumés de l'expérience remplacent véritablement les concepts ; ils sont la condition du langage et de la pensée ; c'est à eux que répondent les mots. « En même temps que le nom d'homme est prononcé, l'image de l'homme se représente à l'esprit, en vertu des notions antécédentes dans lesquelles les sens nous servent de guide. Ce qui a été classé originairement sous chaque mot est donc évident. Nous ne rechercherions pas ce que nous cherchons si nous ne l'avions d'abord connu, et nous ne pourrions nommer aucune chose si nous n'en avions acquis d'abord l'image générale par l'anticipation (3).

3° Les affections. — La troisième source de connaissance, le troisième criterium de la vérité est représenté par les affections. Elles sont au nombre de deux : le plaisir et la douleur, « le bien-être et le mal-être », et elles nous guident dans nos jugements relativement à ce qu'il nous faut rechercher ou éviter.

Ce nouveau criterium concerne donc l'ordre pratique et non plus l'ordre spéculatif, il est le fondement de la morale épicurienne et intéresse davantage l'éthique que la canonique. Avant d'agir il faut choisir ou rejeter, et pour faire ce choix on doit s'appuyer sur un motif ou un jugement qui court la chance d'être vrai ou faux et dans lequel on s'efforce de rencontrer la vérité. Les affections, douleur ou plaisir, en tant qu'elles sont le criterium ou la règle de ce jugement rentrent naturellement dans la canonique au même titre que les sensations et les anticipations.

(1) Plut. Adv. col. 25. Redressées, ce qui ne veut pas dire que la première sensation fût fausse, mais simplement qu'elle avait été faussement associé au mot tour. — (2) Cic. *De nat. deor.*, I, 25. — (3) Diog. L. X. 38.

Les affections comme les notions antécédentes dérivent des sensations. C'est à l'occasion de la sensation qu'elles se produisent ; chaque sensation apporte avec elle son criterium, elle est agréable ou pénible, dès lors à rechercher ou à éviter. La nature seule juge de ce qui est conforme ou contraire à la nature (1).

On voit que la logique d'Epicure est un grossier sensualisme ; la sensation ou perception extérieure est l'élément primordial, l'élément générateur de toutes nos connaissances. « Les sens une fois retranchés de l'homme, il n'y a plus rien (2). »

II. — La physique épicurienne.

Nous savons déjà pourquoi le système épicurien comporte cette partie. Le sage entreprend cette étude non par un amour désintéressé du vrai, mais pour se convaincre que ni sur la terre, ni dans les cieux, ni dans les enfers, la nature des choses ne renferme rien de redoutable dont il puisse craindre les effets. L'homme a peur des dieux, il tremble à la pensée de ces maîtres capricieux et cruels, il s'agit de lui montrer et de le convaincre que le monde se suffit à lui-même et que les innombrables divinités qui peuplent l'Olympe sont incapables de lui causer le moindre ennui (3).

La physique d'Epicure n'est pour le fond que la reproduction de celle de Démocrite ; Cicéron nous en avertit : *In physicis totus est alienus* (4). Comment expliquer cette origine de la physique épicurienne ? Comment se fait-il qu'Epicure, né cent vingt ans après Démocrite ressuscite la doctrine de ce philosophe, depuis si longtemps abandonnée ? La morale qui explique tout dans le système, nous donne-t-elle la raison profonde de ce choix ?

On l'a cru, et certes il y a du vrai dans cette opinion. Dès lors que le souverain bien pour l'homme consiste dans le calme et la tranquillité, dans l'absence de trouble, l'ataraxie en un mot, dès lors aussi que l'intervention des dieux dans le monde est source d'inquiétude et partant de douleur pour l'âme humaine, il faut, à tout prix, trouver une explication de l'univers et de la « nature des choses » qui s'accorde avec le système et qui poursuive la même fin que la morale, la délivrance de la souffrance, une théorie en fin de compte qui

---

(1) Cic. *De Finib.*, I, 9. — (2) Cic. *De Finib.*, I, 9. — (3) Cf. supra : *Théorie de la liberté.* — (4) Cic. *De Finib.*, I, 6.

élimine la divinité et supprime la superstition. Voilà à quelle conclusion nous mène la considération de l'éthique, mais nous ne trouvons là qu'une explication partielle du choix d'Epicure. En effet, l'atomisme de Démocrite n'était pas le seul système qui pût s'accorder avec la morale épicurienne, et remplir le rôle pour lequel on l'empruntait. Tous les systèmes de la philosophie antésocratique pouvaient servir à cette fin, ils sont tous matérialistes, et il était facile par conséquent de les tourner dans le sens exigé par le système que nous envisageons.

Une explication plus profonde est celle de M. Mabilleau. Il est porté à croire « qu'Epicure a été ramené à l'atomisme par la logique même du matérialisme. Il suffisait qu'il se décidât à rejeter toute transcendance et à ne donner à l'évolution naturelle d'autre principe que la nature elle-même, pour se trouver invinciblement ramené au procédé des combinaisons particulières (1). » Résolu (il y était, en quelque sorte forcé, par sa morale) résolu à se confiner dans un naturalisme rigoureux, Epicure devait nécessairement revenir à l'idée d'une « différenciation des éléments de l'être, obtenu par le moyen de groupements systématiques, c'est-à-dire à l'atomisme proprement dit (2). »

Au point de vue de la logique interne de l'épicurisme, comme aussi du matérialisme, cette raison qu'on invoque, théoriquement et spéculativement est peut-être la vraie, mais je doute que ce soit là vraiment la raison pratique qui explique le choix d'Epicure. Nous savons que le fondateur de l'épicurisme, tout en n'étant pas autodidacte comme il le prétendait, ne pouvait cependant se croire un parfait érudit ; nous n'ignorons pas qu'il dédaignait toute recherche spéculative. Dans ces conditions pouvons-nous croire qu'il ait passé en revue tous les systèmes, et les ait tous rapportés à la fin qu'il poursuivait ? Il ne le semble pas, et plus simple pourrait être l'explication. Epicure voulait chasser les dieux en exil, par une doctrine convenable ; en fait de théorie physique il connaît surtout, pour l'avoir étudié dans sa jeunesse, la doctrine de Démocrite ; Diogène nous dit en effet que dans son adolescence il s'est particulièrement appliqué à l'ouvrage de Démocrite ; il a également entendu les leçons de Nausiphane et de Nausicyde qui étaient partisans de la secte atomistique (3). Or ce système se prêtait à merveille au dessein que poursuivait

---

(1) L. Mabilleau. *Histoire de la philosophie atomistique*, p. 270, 271. — (2) *Ib.*, 273. — (3) Diog. L. X., 2.

Epicure. Dès lors, à quoi bon chercher ailleurs ? La morale épicurienne s'adapte parfaitement, du moins à s'en fier aux apparences, à la physique abdéritaine, c'est donc celle-ci qu'il faut adopter. Ce qui prouve bien que telles furent les pensées d'Epicure, c'est qu'il fut obligé de faire subir à la doctrine certaines retouches, son choix avait été trop précipité, il a dû rétablir en psychologie et en morale des notions telles que la spontanéité, la liberté, que ne comportait pas le mécanisme de Démocrite.

La doctrine atomistique. — Pour Démocrite, le but de la philosophie, c'est l'explication du monde sensible ; la doctrine atomistique en reste au point de vue de la spéculation antésocratique, le problème de l'être se confond à cette époque avec le problème de la nature, parce que précisément pour ces philosophes, la nature est tout l'être (1).

Le point de départ de l'atomisme pour expliquer les choses, c'est la nature elle-même, la nature telle qu'elle est (2). Démocrite est amené en suivant ce principe à se mettre en opposition ouverte avec les Eléates qui affirmaient que l'être seul existe, qu'il est un et immobile (3). En fait, les sens, que nous donnent-ils, sinon la pluralité et le mouvement? Exclure la multiplicité de l'essence de l'être, c'est donc rendre inexplicable le témoignage des sens. De l'unité vraie, comment faire sortir la pluralité apparente? Démocrite se croit donc autorisé à établir une théorie qui s'accorde avec les faits attestés par les sens et qui laisse subsister le mouvement et la pluralité, la production et la destruction, entendues scientifiquement, dans un sens relatif, dans le sens de composition et d'association d'éléments immuables. Par suite, il accorde aux partisans de l'unité de l'être que le mouvement est impossible sans le vide ; que si le mouvement existe, le vide existe lui aussi ; le non-être a autant de subsistance que l'être, le vide ayant dans cette hypothèse une nature propre (4). En résumé, Démocrite admet la plupart des principes des Eléates (impossibilité de la naissance et de la destruction proprement dites, immutabilité de l'être lui-même, impossibilité du mouvement et de la pluralité sans le vide, etc.) seulement, au lieu de conclure de là, avec les Eléates que la multiplicité et le changement sont une pure apparence (5), il conclut à l'inverse que, puisqu'il y a en réalité des choses qui naissent et péris-

---

(1) Cf. Zeller. *La philosophie des Grecs*, I, II, trad. Boutroux. — (2) Aristote. *De generatione et corruptione*, I, 8. — (3) *Ib.* —(4) Plutarq. *Adv. Col.* — (5) Mullach, *Fragm. phil. græc.*, 357.

sent, se meuvent et changent, le non-être, condition *sine qua non* de tous ces faits, existe lui aussi.

C'est le système né de ces préoccupations qu'Epicure adopte, avec ses trois éléments essentiels, les atomes, le vide et le mouvement. Ces trois points forment comme les postulats de toute physique mécanique : 1° des atomes, dont les déterminations sont réduites aux propriétés essentielles de la matière ; 2° une force de mouvement immanente à ces atomes et donnée avec eux ; 3° un espace vide permettant les déplacements et les combinaisons.

Les atomes. — Les corps sont, en dernière analyse, des agrégats d'atomes, c'est-à-dire de corpuscules extrêmement petits, si ténus qu'ils sont invisibles, imperceptibles aux sens ; indivisibles encore qu'étendus — car ils sont réellement étendus, mais d'une étendue absolument continue et homogène, quelque chose comme un durcissement, une « concrétion » sous des dimensions infinitésimales d'une parcelle d'étendue géométrique — infinis en nombre et existant de toute éternité ; identiques d'essence parce qu'ils sont qualitativement indéterminés, ils se différencient uniquement par leur figure, leur grandeur, leur position, leur ordre et leur poids.

En effet l'identité des atomes ne doit pas aller jusqu'à rendre impossibles la variété et le changement des choses dérivées, jusqu'à mettre obstacle à la réalisation des corps particuliers. Si l'essence de ces corpuscules est la même en chacun d'eux, la forme sera par excellence l'élément distinctif de l'atome, et l'on comprend pourquoi les atomistes ont attribué l'infinité des formes à l'infinité des particules matérielles ; ce fut pour expliquer l'infinité des corps.

La figure ne va pas sans grandeur. Aussi ces atomes ronds ou lisses, crochus ou anguleux diffèrent-ils par leurs dimensions ; à chaque forme correspond une grandeur déterminée, et à ce point de vue les corpuscules ronds sont les plus petits, parce qu'ils occupent, à masse égale, moins d'espace.

La différenciation par l'ordre et la position est non moins importante. Ces déterminations dont nous venons de parler, sont dérivées et non primitives ; elles proviennent du changement et de l'action. Les changements ne sont rien qu'un déplacement dans la combinaison atomique. Une chose naît quand les atomes se groupent d'une façon ; elle change quand ils s'agrègent d'une autre manière. De simples modifications dans leurs situations respectives, et c'est tout : « Ainsi AN, dit Aristote, diffère de NA par l'ordre, et N diffère de Z par la disposition (1).

Plutarque dit que « Démocrite a attribué deux propriétés aux atomes, l'étendue et la figure, et qu'Epicure en a ajouté une troisième, la pesanteur (2). » C'est là un point qui prête à discussion, nous ne pouvons pas entrer dans le détail d'exégèse auquel se sont livrés les historiens anciens et modernes. D'un côté nous trouvons Aristote (3) qui prétend attribuer la paternité de cette doctrine à Démocrite, il est suivi par Zeller et Mabilleau. De l'autre, nous avons, outre Plutarque, Eusèbe, Stobée (4), Alexandre d'Aphrodisias (5), Cicéron (6) parmi les anciens et parmi les modernes, avec des nuances, Renouvier (7), Pillon (8) et Liard (9) qui résume en ces termes la doctrine de Démocrite : « Hors la forme et la grandeur, les atomes n'ont aucune propriété. Les éléments ne sont ni légers, ni lourds. La force qui les meut, les pousse par le dehors. L'atome n'a ni pesanteur ni énergie. »

Peu importe d'ailleurs à qui revient l'honneur, si honneur il y a, d'avoir inventé cette théorie. Il nous suffit de savoir qu'elle était admise par Epicure, et sur ce point il n'y a pas l'ombre d'un doute : les atomes déclinent, ils ont un mouvement de gravitation dû à leur pesanteur.

Le vide. — Entraînés par leur propre pesanteur, dans une chute éternelle comme eux, au sein du vide immense, ils tombent avec des vitesses inégales, à cause de cette différence de figure, de poids et de position ; par suite et grâce aussi à certaine puissance de déviation spontanée — d'ailleurs inappréciable — qu'Epicure leur attribue fort à propos, ils se choquent, se rencontrent, s'agrègent en combinaisons indéfiniment variées : ce sont les corps dont la diversité ne résulte pas d'autre chose que de la forme et du mode de groupement des atomes élémentaires.

« Ne crois pas, Memmius, que tout l'espace soit rempli par la matière ; il existe du vide dans le monde. C'est une vérité dont tu sentiras plus d'une fois l'importance qui fixera tes doutes, préviendra tes difficultés. Il y a un vide, un espace

---

(1) Aristote, *Métaph.* I, 1. Les lettres sont en effet les mêmes quand on renverse l'une ou l'autre. — (2) Plutarque. *De Plant.*, I, 3. — (3) Aristote. *De Cœlo.* IV, 2. — *De sensu*, 61. — *De gener. et corrup.*, I, 8. — Dans d'autres passages dans lesquels il traite de Démocrite, il ne signale pas la pesanteur. *Met.*, I, 4. — *De cœlo*, I, 7. — (4) *Eccl. phys.*, I. — (5) *In metaph.* I, 4.984. Cf, Diog. L. X, 31. — (6) *De Fato*, 20. 46. — *De nat. deor.*, I, 35. — (7) *Manuel de philosophie ancienne*, p. 245, 246. — (8) *L'évolution historique de l'atomisme.* (*Année philos.* 1892). — (9) *De Democrito*, thèse latine, 1873, p. 43, 44.

impalpable sans lequel rien ne pourrait se mouvoir ; car le propre des corps étant de résister, ils ne cesseraient de se faire obstacle, et le mouvement serait impossible parce qu'aucun corps ne commencerait à se déplacer. Cependant sur la terre, dans l'onde, au ciel, mille mouvements divers frappent nos yeux, et sans vide, non seulement les corps seraient privés de cette continuelle agitation, mais ils n'auraient pas même pu être engendrés, parce que la matière comprimée de toute part, aurait langui dans une éternelle inertie (1). »

Les atomes et le vide, voilà donc avec le mouvement les seuls éléments générateurs et constitutifs des choses (2). Eternellement les atomes qui ont la propriété de la pesanteur, tombent dans le vide et se meuvent avec une vitesse égale (3).

Le vide existe en effet, Epicure le prouve, marchant sur les traces de Démocrite. S'il est vrai que le mouvement pour se produire demande le vide, suivant les Eléates, le mouvement étant perçu par nos sens, il faut de toute nécessité que sa condition suffisante, le vide, existe lui aussi. L'expérience d'ailleurs fortifie ce raisonnement et en fournit comme une vérification expérimentale. Un vase rempli de cendre peut recevoir autant d'eau qu'il en reçoit quand il est vide ; ce qu'on ne peut expliquer que par l'existence de pores entre les particules de cendre. Certains corps paraissent se resserrer quand on les comprime, les êtres vivants se nourrissent par l'assimilation des matières absorbées ; ces faits postulent le vide qui a autant d'existence, autant de subsistance que les atomes eux-mêmes.

Le mouvement. — A ces divers éléments, il faut joindre le mouvement ; il est aussi nécessaire que les atomes et le vide. Sans lui, tout serait chaos, et c'est par lui que s'engendrent les combinaisons, les groupements, les agrégats qui donnent naissance aux êtres particuliers.

Ce mouvement n'est pas explicitement donné par Démocrite comme une propriété de la matière. Mais il est impossible d'interpréter autrement un système où tous les atomes se meuvent et ne sont mus par aucune cause extérieure. Le mouvement est éternel comme les atomes, et « il n'y a proprement ni cause ni raison de ce qui existe éternellement (4). »

On en distingue plusieurs modes : Démocrite admet expressément le mouvement par choc ou impulsion, auquel il ajoute

---

(1) Lucrèce, I, 330. sq. — (2) Diog. L. X, 41, 42, 54. — (3) Dig. L. X, 43, 61, 73. — (4) Aristote. *Métaph.*, xii, 6. Cf. *De gener et cor.*, ii, 6.

le mouvement oscillatoire et le mouvement en tourbillon ou circulaire. On fait ordinairement honneur du mouvement rectiligne à Epicure ; c'est là en fait le mouvement primitif des atomes, le seul éternel, qui est en ligne droite et dans le sens de la verticale ; les autres sont des mouvements ultérieurs et dérivés qui résultant de leur rencontre par suite des inégalités de vitesses prennent la forme générale de tourbillonnements. En somme, les différents degrés de mouvement correspondent aux différentes formes atomiques : les atomes ronds roulent avec plus de facilité et de rapidité, que les atomes anguleux, eu égard à leur masse, et l'on comprend pourquoi les corpuscules ont été déclarés inégaux de dimension et de poids, variés de forme, capables, en fin de compte, de mettre dans le mouvement une diversité qui n'y était pas essentielle.

Une autre correction fut suggérée à Epicure par les travaux d'Aristote. Epicure admet que tous les atomes, quelles qu'en soient la grandeur, la figure et la masse, tombent uniformément et avec une égale vitesse dans le vide (1). Nous n'avons pas à examiner si la correction est en accord avec la science antique ou si en se mettant en harmonie avec la physique moderne, Epicure n'était pas infidèle à l'atomisme, la question est sans importance.

Le clinamen. — La principale correction apportée par Epicure à la doctrine de Démocrite, c'est l'invention du clinamen, la théorie du mouvement spontané. L'atome est doué d'un pouvoir interne, immanent, capable de faire naître la variété dans les mouvements et dans les combinaisons qui en résultent.

Nous connaissons, en partie du moins (2), les raisons qui ont amené Epicure à concevoir cette théorie. Voici comment Lucrèce les rappelle à Memmius : « Quoique les éléments tendent par leur propre poids vers les régions inférieures, sache néanmoins, ô Memmius, qu'ils s'écartent tous de la ligne droite dans des temps et des espaces indéterminés ; mais ces déclinaisons sont si peu de chose, qu'à peine elles en méritent le nom. Les atomes sans ces écarts seraient tombés parallèlement dans le vide, comme les gouttes de la pluie : jamais ils ne se seraient ni rencontrés, ni heurtés, et la nature n'eût rien produit (3) ». Ainsi c'est la chute rectiligne des atomes dans le vide qui entraîne l'action nécessaire d'un principe de déviation, de choc et de groupement.

---

(1) Lucrèce, II, 211. — (2) Cf. *supra. Théorie de la liberté*. — (3) Lucrèce, II, 225.

Ensuite Epicure croit échapper au destin et à la nécessité en imaginant cette déclinaison des atomes. « Pourquoi donc, dit Cicéron, Epicure a-t-il imaginé cet expédient ? C'est qu'il craignait que si l'atome était, à cause de son poids, toujours emporté par un mouvement naturel et nécessaire, nous n'eussions plus aucune liberté, le mouvement de l'âme étant subordonné à celui des atomes (1). » En d'autres termes, il faut reconnaître que, malgré les causes extérieures qui agissent souvent sur l'homme et malgré lui le meuvent et l'entraînent, il y a au fond de son cœur une puissance qui combat ces impressions involontaires. Or, comment expliquer ce pouvoir, comment lui attribuer une cause si nous ne reconnaissons dans les principes de la matière une force motrice différente de la pesanteur et du choc, et de laquelle puisse naître la liberté de l'âme ? Et précisément « si l'âme n'est pas déterminée dans toutes ses actions par une nécessité intérieure, si elle n'est pas une substance purement passive, c'est l'effet d'une légère déclinaison des atomes dans des temps et des espaces indéterminés (2) ».

La conclusion s'impose : le clinamen n'est qu'un expédient, introduit dans le système pour rendre possible ou tout au moins secourir la morale. Epicure fait dépendre sa physique des concepts de son éthique ; il moule l'une sur l'autre, subordonnant la première à la seconde. Il est un « libérateur », sa doctrine est une philosophie de la délivrance ; il doit donc exclure la fatalité de l'ensemble de ses dogmes. Il le dit d'une façon catégorique : « Ce n'est pas une science capable de conduire au bonheur, que celle qui s'occupe de l'ordre des choses célestes sans nous affranchir de la crainte qu'il peut nous inspirer. Il nous suffit à nous d'être persuadés que cet ordre n'est pas l'effet d'une redoutable providence, qu'il peut s'accomplir de bien des manières qui ne nous importent en rien, mais qu'aucune d'elles n'est à craindre. Et celui qui, même sans une étude approfondie de chaque sujet, s'attache à cette opinion sur la nature de l'univers, surpassera les autres hommes en force d'esprit, et sans cesse y revenant, ou de lui-même ou à l'aide d'un maître il y puisera la tranquillité de la vie (3) ».

Le hasard, conséquence du clinamen. — Cicéron (4) est revenu plusieurs fois dans ses ouvrages sur cette théorie de la « dé-

---

(1) Cic. *De Finib.*, I. 6. — *De Fato*, IX. — (2) Cic., *De Fato*, x. Cf. *De nat. Deor.* I, 25. *de Finib.*, I, 6. — (3) Lucrèce, II, 290 sqq. — (4) Diog. L x., 120.

clinaison atomique ». Il trouve que c'est une fiction arbitraire *(ad libidinem fingitur)*, une invention puérile *(res ficta pueriliter)* et qui même n'atteint pas son but *(ne efficit quidem quod vult)* (1) on pourrait dire plus brièvement : le grand tort du clinamen, c'est d'introduire le hasard dans le monde et reprendre le mot de Taine à propos de Démocrite : « Il a mis le hasard au cœur des choses (2), » entendant par là naturellement la rencontre de causes mécaniques, en dehors de toute prédétermination intentionnelle et de toute finalité.

Sans doute il est arrivé une fois ou deux à Epicure de distinguer nettement le hasard et la liberté véritable : « La nécessité, dit-il dans sa lettre à Ménécée, la nécessité dont quelques-uns font la dominatrice de toutes choses se ramène en partie au hasard, en partie à notre pouvoir personnel. En effet, d'une part, la nécessité est irresponsable ; d'autre part, le hasard est instable ; mais la liberté est sans maître, et le blâme ainsi que son contraire la louange l'accompagnent naturellement (3). » Plusieurs philosophes ont affirmé la même chose après lui. Stobée écrit : « Epicure distingue dans les causes la nécessité, le choix et le hasard (4). » Et Sextus Empiricus déclare de son côté : « D'après Epicure certaines choses arrivent par nécessité, d'autres par choix. » C'est textes prouvent bien qu'Epicure a réellement et à l'occasion distingué le hasard et la liberté, mais n'y a-t-il pas là une inconséquence de plus à marquer à son système ?

Le fond de son libre arbitre c'est, à n'en pas douter, le hasard. En effet, Epicure fait naître *sans cause* cette déviation du clinamen ; *sans cause* il supprime le mouvement naturel et normal de haut en bas qui dérive de la pesanteur. Dès lors en quoi consiste au juste la prétendue liberté de l'atome ? On n'y peut voir autre chose que l'indétermination la plus complète, puisque la déclinaison se fait sans raison. Un atome s'élance dans le vide, il dévie légèrement de sa chute rectiligne, et cela sans cause réelle par le fait du clinamen ; un autre procède de même. Leur rencontre est le résultat de mouvements fortuits, elle est purement hasardeuse (5). Le monde est donc bien l'effet du hasard puisque sa construction ne se fait que par d'accidentelles concrétions.

« Ce qui ne veut pas dire d'ailleurs que le monde est livré à

---

(1) *De natur. Deor.* I, 26. Pour cette raison, il les appelle ailleurs des « déclinaisons menteuses, *commentitias declinationes.* » *De Fato,* XI-XX. —
(2) *Le positivisme anglais*, 105. — (3) Diog. L. X, 133. — (4) *Ecl. phys.* I. —
(5) Cf. supra : *Le fait de la liberté.*

une danse effrénée d'atomes, que rien n'y est fixé ; qu'en lui les corpuscules sont en révolution continuelle comme les grains de poussières dans le rayon de soleil. Epicure croit au contraire que tout est réglé et déterminé, non pas que le monde une fois formé, la faculté de dévier ait disparu subitement (c'est l'opinion de Ravaisson) (1), mais uniquement parce que la déclinaison est si petite, *tantum quod minimum* (2), que ses effets sont imperceptibles et insignifiants. Au commencement, tout à fait à l'origine des choses, la déviation même à dose infinitésimale, a suffi pour constituer l'univers, mais aujourd'hui que les atomes se sont agrégés, il est difficile de les dissocier et par suite les déviations actuelles n'ont que des effets absolument insignifiants et insensibles.

Les mondes. — Par cet ensemble et cette variété de mouvements s'explique la formation des mondes. L'univers est l'ensemble des atomes et du vide s'étendant à l'infini et dans tous les sens ; dans cet espace sans bornes se constituent des agrégats spéciaux sous l'influence de causes purement mécaniques, c'est ce que les atomistes appellent un monde.

« Des chocs dérivent d'abord des mouvements latéraux ; une fois admis, ceux-ci doivent nécessairement devenir de plus en plus compliqués, et comme les chocs successifs de nouveaux atomes sur une couche qui éprouve déjà le mouvement latéral, produisent sans cesse une force vive nouvelle, il est permis de croire que le mouvement s'opère avec une intensité progressive. Les mouvements latéraux combinés avec la rotation des atomes, peuvent facilement amener des mouvements de rétrogradation. Si, dans une couche ainsi bouleversée, les atomes les plus lourds, c'est-à-dire les plus grands, conservent toujours un mouvement plus rapide dans la direction du haut en bas, il en résultera finalement qu'ils se trouveront dans la partie inférieure de la couche, tandis que les atomes les plus légers seront réunis dans la partie supérieure (3).

Ainsi, par ce vaste tourbillon, les atomes s'attachent les uns aux autres, s'enchevêtrent et constituent les combinaisons permanentes.

Ces mondes sont innombrables : le nombre des atomes est infini comme le vide lui-même, il n'y a donc aucune raison de limiter les chances d'agrégation : des chocs, des heurts,

---

(1) Ravaisson. *Essai sur la métaphysique d'Aristote*, II, 92. — (2) Lucrèce, II, 220. — (3) Lange. *Histoire du Matérialisme*, I, 19.

des impulsions, des tourbillons, cela suffit pour les constituer, et tout cela dépend justement des atomes eux-mêmes.

Comme ils sont infiniment variés, infinis sont aussi les modes de combinaisons possibles suivant les trois lois de groupement : le rythme qui représente la forme particulière apportée par l'atome ; la diathèse qui exprime l'ordre et l'agencement qu'il peut prendre dans l'agrégat, et enfin la trope, c'est-à-dire la position variée que tel ou tel atome peut occuper (1).

L'espace infini, et, au sein de cet espace, des corps élémentaires, indivisibles, en un mot des atomes, éternels en durée, infinis en nombre, et doués de toute éternité d'un mouvement à la faveur duquel ils se rencontrent, ils se joignent se combinent et constituent des agrégats ou corps composés, voilà l'univers, tel qu'il est, tel qu'il fut et tel qu'il sera dans la suite de ses évolutions.

L'âme humaine. — Que devient l'âme humaine dans un pareil système ? Sur ce point comme sur tant d'autres, Épicure ne fait que reproduire la doctrine atomistique, c'est en puisant aux sources de Démocrite qu'il arrose son petit jardin (2).

L'âme est composée d'atomes comme les autres êtres ; « c'est une folie, dit-il de regarder l'âme comme incorporelle, car on ne peut concevoir l'incorporel que dans le vide qui ne peut ni agir ni pâtir, et ne fait que fournir au corps un lieu pour se mouvoir ; si donc l'âme était incorporelle, elle ne pourrait non plus ni agir ni pâtir (3). »

On peut dire cependant que l'âme est une substance d'un genre à part, en ce sens que sa nature étant de se mouvoir, elle se compose de particules rondes lisses et subtiles, analogues au feu, c'est à cette forme spéciale qu'elle doit son rang dans la série des substances.

Il faut lire, sur ce point, tout le troisième livre de Lucrèce qui est consacré à traiter de l'âme humaine. Il s'efforce de prouver que l'âme est véritablement une partie de nous-mêmes et non pas simplement l'harmonie de l'ensemble, comme le prétendent quelques philosophes. Il montre que l'âme ne forme qu'une substance avec l'esprit qui réside au centre de la poitrine tandis que l'âme est répandue dans tout le corps. Il note avec soin que l'un et l'autre sont corporels, bien que composés des atomes les plus subtils de la nature.

(1) Aristote. *De œlo*, III, 4. — (2) Cic. *De nat. deor.*, I, 43. — (3) Diog. L. X, 67.

Il établit qu'il entre dans la formation des âmes quatre principes, le souffle, l'air, la chaleur et un quatrième auquel il n'attribue pas de nom. C'est alors après avoir discuté ces différents points, que Lucrèce en arrive à prouver que la mort n'est rien pour cette âme et que par suite nous n'avons rien à craindre de l'au-delà.

Naturellement, l'âme possède la grande propriété primitive des atomes, le pouvoir de décliner. Ses opérations s'accomplissent d'ailleurs d'après les lois générales de la nature, et chacune de ces fonctions s'exerce dans un endroit déterminé : « la pensée dans le cerveau, la colère dans le cœur, le désir dans le foie (1). » La pensée n'est que le résultat du concours des atomes ronds et légers qui se meuvent incessamment dans l'organisme, et qui par leur variété de formes représentent à l'intérieur les objets extérieurs. On en connaît le processus. Toutes nos idées viennent du dehors. Les objets extérieurs laissent échapper des simulacres, des images, de légères enveloppes qui traversent les airs avec une merveilleuse rapidité et pénètrent en nous par les sens. L'atmosphère qui nous entoure, dans laquelle nous sommes plongés, est remplie de ces simulacres. Toutes les représentations d'objets se ramènent donc en dernier ressort à des sensations, en d'autres termes à des contacts : les sens, suivant Epicure, ne sont que des variétés du toucher. Aussi le travail d'idéalisation qui demande le contact immédiat, exige-t-il l'introduction dans le système du principe de l'émanation comme cause des perceptions. Les simulacres assiègent nos organes, voltigent autour de nous, entrent en nous et produisent toutes les opérations de notre esprit. Dans la veille, ils nous font voir les objets ; dans le sommeil ils se glissent en nous à notre insu, et en se mêlant font naître des visions fantastiques. « Il faut reconnaître que des émanations, des simulacres frappent nos yeux et produisent en nous la sensation de la vue. Les odeurs ne sont que des émissions continuelles de certains corps, le froid émane des fluides, la chaleur du soleil ; de la mer émane le sel rongeur qui mine les édifices construits sur ses rivages... Tant il est vrai que tous les corps envoient continuellement des émanations de toute espèce qui portent de tous côtés sans jamais s'arrêter ni se tarir, puisqu'à chaque instant nous avons des sensations (2). »

Conclusion de la physique. — C'est chose facile mainte-

---

(1) Plutarque. *De Plac. phil.*, IV, 43. — (2) Il est de tradition dans les cours de déclarer cette affirmation antiscientifique en ce sens que par

nant pour Epicure d'accomplir la délivrance de l'humanité et de rendre la paix aux « âmes oppressées par la religion ».

La religion était l'ennemie de notre repos : en préoccupant l'esprit par l'idée de la mort, et la croyance à une vie future, elle troublait la tranquillité de l'âme, en montrant au-dessus du monde, des êtres tout-puissants, maîtres de la terre et des cieux, elle jetait l'inquiétude parmi les hommes. Maintenant la science se dresse devant la religion, et par ses explications prétend ruiner les antiques croyances et devenir l'instrument de notre bonheur. « L'ataraxie est l'affranchissement de toutes ces opinions... Si nous nous appliquons à connaître ces événements d'où naissent le trouble et la crainte, nous en découvrirons les vraies causes et nous nous affranchirons, car nous connaîtrons les causes et des météores et de tous les événements imprévus et perpétuels qui, au reste des hommes, apportent la dernière épouvante (1) ».

A quoi bon s'effrayer ? Le monde se suffit à lui-même ; les dieux n'existent pas, ou s'ils existent ils n'interviennent pas dans les affaires du monde puisqu'ils n'ont aucun rôle à y jouer. Voilà la suprême et la fondamentale conclusion de la physique épicurienne : Ne redoutons plus les dieux puisqu'ils ne s'occupent en aucune façon de nous. Si l'on comprend cette vérité, la philosophie n'aura plus de ténèbres, la nature n'aura plus de secrets, et les mortels n'auront plus rien à craindre des immortels et de leurs ressentiments (2).

CONCLUSION

La place nous est trop limitée (3) pour entreprendre une critique en règle de l'épicurisme. Est-il d'ailleurs nécessaire de prouver qu'il implique la négation de tout l'ordre spirituel et de tout l'ordre moral et qu'il exclut l'obligation, la responsabilité et le mérite, le remords et la vie future ; cela saute aux

---

suite de l'émanation les corps devraient diminuer de volume ; peut-on le dire avec la même assurance quand on songe qu'un kilog. de musc perd un milligramme en 7.000 ans, et que la même quantité de radium par son rayonnement en perd seulement un milligramme en 70.000 années.
(1) Diog. L. X, 82. — (2) Lucrèce. I, 1105 sqq. VI, 70 sqq. — (3) Nous avons déjà supprimé plusieurs pages qui montraient l'attitude prise par les Pères de l'Église en face de l'épicurisme et de l'esprit épicurien. — Cf. Saint-Hilaire, de Trinitate, I. 1. — Saint Augustin, Confessions, VI, 16. — Ozanam, Dante et la philosophie catholique au XIIIe siècle, page 110.

yeux et la réfutation de l'hédonisme utilitariste est classique dans les cours de philosophie (1).

Contentons-nous, en restant au point de vue purement objectif auquel nous nous sommes constamment placés, de montrer que l'épicurisme fait faillite à ses promesses. Le problème que se propose toute philosophie pratique est de mettre à la portée de tous le bonheur auquel tous se sentent appelés. L'épicurisme, comme les autres doctrines morales, prétendait nous donner l'infaillible recette de la joie et du bonheur : a-t-il réussi ? même en allant jusqu'au bout des concessions possibles, il semble qu'il faut répondre négativement.

D'abord ce souverain bien auquel on arrive en fin de compte, cette exemption de la douleur, cette « apathie » qui, aux yeux d'Epicure, constitue le terme dernier de la vie humaine, est-ce réellement le suprême bonheur ? Il est permis d'en douter. Sans doute Epicure voulait rendre le plaisir accessible à tous et pour cela il en abaisse les conditions, il le met au taux le moins élevé, il est plus facile de se tenir à l'abri de la douleur que de se procurer des sensations délicieuses. Mais les sens ne se contentent pas de cette jouissance purement passive, et ils sont excellents juges en cette matière. Le vrai plaisir c'est celui que l'on ressent et que l'on goûte, ce n'est pas l'apathie qui sans doute n'est pas la douleur, mais qui n'est pas davantage le plaisir. Ils avaient pleinement raison les Cyrénaïques quand ils reprochaient au plaisir tel que le définissent les épicuriens, d'être non pas l'état d'un homme vivant, mais bien plutôt celui d'un homme endormi ou d'un cadavre. Est-ce bien vivre qu'il faut dire en effet, et par cet ensemble de méticuleuses précautions, ne cède-t-on pas la chose pour garder le mot, la réalité pour s'attacher à l'ombre, le plaisir réel pour son image ?

Passons condamnation sur ce point, accordons que le plaisir est l'absence de douleur, le bonheur est-il plus assuré ? Non, car dans la classification des désirs, il y a ceux qui qui sont « naturels et nécessaires », leurs exigences sont tyranniques, il faut leur donner complète satisfaction. Or ne nous fallût-il qu'un demi-pain pour assouvir notre faim, et un verre d'eau pour étancher notre soif, qui nous assure que le lendemain nous donnera ces deux choses ? C'en est donc fait de la prétendue tranquillité du sage, qui attend l'avenir avec confiance, mieux vaut pour lui jouir du présent sans compter

---

(1) Cf. Brugerette, *Les morales indépendantes et la morale évangélique*, Collection « Science et Religion », n° 150. Bloud, édit.

sur demain. Autrement la douleur rentre dans sa vie.

Ce n'est pas tout : à côté de ces douleurs purement négatives qui viennent d'un désir inassouvi, il y a d'autres douleurs positives qui ressenties, sont le souverain mal du corps, et redoutées sont le souverain mal de l'âme. Nul n'est à l'abri de leurs attaques, et vainement on croit s'en délivrer en affirmant que plus elles sont vives et plus aussi elles sont de courte durée. On oublie qu'il y a de ces douleurs poignantes qui s'attachent à l'homme comme une tunique de Nessus. On oublie qu'il y a des souffrances aiguës qui durent des années. Et combien vains sont les remèdes présentés. Le sage se consolera, dit Epicure, en songeant aux plaisirs passés et en les espérant pour l'avenir. Mais comment ne pas voir que le contraste de ces joies à jamais perdues et des inévitables misères du présent aggrave les souffrances au lieu de les abréger. Dante l'a très bien dit : « Il n'est pire douleur qu'un souvenir heureux dans les jours de misère , *Nessun maggiore dolore — Che ricordarsi del passato ben — nella miseria.* » Si l'on enlève l'espoir d'une vie meilleure dans un autre monde, il n'est d'autre recours à l'âme accablée de douleur, que de se jeter dans la mort, elle seule peut enlever le sentiment de la souffrance et délivrer d'un fardeau trop lourd. Ne fut-ce pas la fin de Lucrèce, le plus célèbre épicurien de Rome ?

Soyons bons, meilleurs que la destinée même. Accordons au sage, sans compter, fortune, santé, jouissance. Le bonheur sera-t-il complet ? Aurons-nous le suprême bonheur ? Non, pas davantage, la mort est là qui guette le sage, la mort, c'est-à-dire, non pas un terme qui soit en même temps un recommencement dans de meilleures conditions comme dans la théorie spiritualiste, mais un terme absolument définitif, l'anéantissement complet. Sans doute Epicure dira qu'elle n'est rien ; qu'elle ne nous concerne pas, tant que nous sommes ; que nous n'y serons plus quand elle sera là ; ce sont là des sophismes et des arguties d'écoles qui ne changent rien à la réalité des choses. La mort seule au bout de la vie fait un supplice du bonheur, la perspective de voir finir le bonheur dont on jouit, la certitude de perdre un jour ce bonheur que l'on goûte, ce sont là des privations anticipées et des douleurs actuelles. L'âme « attend le jour sans fin de l'immortalité (1) » ; voilà sa seule consolation dans la douleur.

---

(1) Lamartine, *Méditations poétiques*. 13ᵉ Médit.

Supprimez cet espoir, arrachez cette espérance et la pensée de la mort n'est plus qu'amertume pour l'homme ; de toutes parts retentit l' « *amari aliquid quod in floribus angit* » de Lucrèce. La certitude de la douleur future est la ruine du bonheur présent.

« Ainsi Epicure a beau faire, il a beau se rapetisser pour désarmer la fortune, il a beau se mettre au régime le plus économique, il a beau se dérober aux dangers, aux épreuves et aux agitations de la vie publique, il a beau fuir la douleur d'une fuite infatigable ou l'endormir de son mieux par de vains souvenirs et de vaines espérances. Il n'est sûr de rien ; il n'est à l'abri de rien ; il ne peut rien tenir de ce qu'il a promis ; il n'assure à personne ni la tranquillité de l'esprit, ni la bienheureuse apathie du corps. Dans sa doctrine, beaucoup plus encore que dans celle d'Aristote, la félicité est affaire de hasard, non pas la félicité parfaite qui, impliquant la certitude de l'immortalité, n'est à ses yeux qu'une chimère, mais la félicité misérable que le plaisir négatif peut verser dans une vie passagère. Ainsi le veulent les principes de sa métaphysique et de sa morale, et c'est pour cela que sa morale et sa métaphysique ne sont pas moins en opposition avec le vœu universel du bonheur qu'avec la notion du devoir. Il a condamné l'homme à l'inaction, de peur que l'effort ne brisât sa félicité fragile il l'a enfermé en lui-même de peur qu'en étendant sa vie il accrût ses chances de souffrir et d'être malheureux, et avec toutes ces précautions à quoi a-t-il abouti ? A désespérer tous les affligés et tous les souffrants de ce monde, car il leur a appris à considérer comme le souverain mal la douleur dont il ne peut les guérir, à décourager les heureux mêmes qui se demanderont si c'est la peine de vivre, puisqu'à chaque instant la vie peut devenir un fardeau trop lourd (1). »

Finalement, l'épicurisme peut servir à la vraie morale de démonstration par l'absurde ; il montre, par son impuissance et son insuccès même, que l'idée de bonheur, si on la sépare du devoir et de la vie future c'est-à-dire en somme de Dieu, est la plus irréalisable de toutes les chimères.

(1) A. de Margerie. Cours inédit, 1899.

TABLE DES MATIÈRES

	Pages.
BIBLIOGRAPHIE	3
CHAPITRE I. — Epicure et l'école épicurienne	5
A). *Epicure.* a) *Sa vie*	5
— b) *Son genre de vie*	6
— c) *L'Homme*	7
B). *Ecole épicurienne.* a) *Succès de la doctrine*	8
— b) *Causes de ce succès*	9
— c) *Caractères de l'école.*	10
CHAPITRE II. — Caractère général de l'épicurisme	12
a) *Tendance pratique du système*	12
b) *Le milieu politique et social*	15
c) *Le milieu intellectuel*	17
CHAPITRE III. — La morale épicurienne	18
A). *Le souverain bien.* a) *Le plaisir*	18
— b) *Les plaisirs de l'âme*	21
— c) *L'utilitarisme*	23
— d) *L'ataraxie*	25
B). *Les instruments du bonheur*	28
1. *La théorie de la liberté*	28
2. *La théorie de la vertu*	33
C). — *Les obstacles au bonheur*	39
1. *La mort*	41
2. *La superstition : les dieux d'Epicure*	45
CHAPITRE IV. — La logique et la physique épicuriennes.	50
A). *La canonique*	51
B). *La physique*	56
CONCLUSION. — Appréciation générale	68